McKinsey
Experience

麦肯锡经验

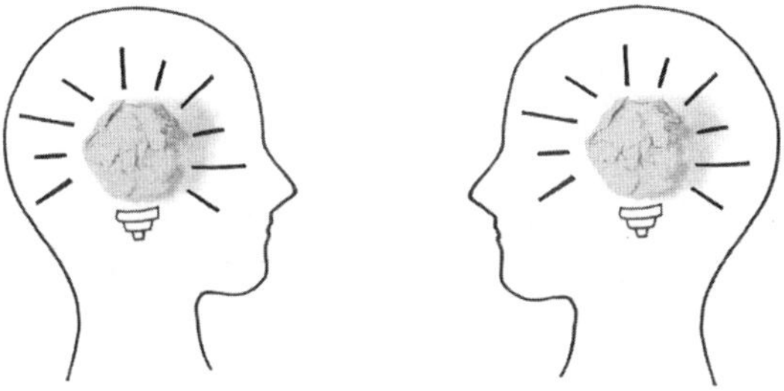

仕事の結果は「はじめる前」に決まっている—
マッキンゼーで学んだ段取りの技法

北京时代华文书局

图书在版编目（CIP）数据

麦肯锡经验 /（日）大岛祥誉著；朱悦玮译．-- 北京：北京时代华文书局，2023.11
ISBN 978-7-5699-5051-9

Ⅰ．①麦… Ⅱ．①大… ②朱… Ⅲ．①企业管理－经验－美国 Ⅳ．① F279.712.3

中国国家版本馆 CIP 数据核字 (2023) 第 190197 号

MAIKENXI JINGYAN

出 版 人：陈 涛
策划编辑：樊艳清
责任编辑：樊艳清
执行编辑：耿媛媛
责任校对：陈冬梅
装帧设计：程 慧 段文辉
责任印制：訾 敬

出版发行：北京时代华文书局 http://www.bjsdsj.com.cn
北京市东城区安定门外大街 138 号皇城国际大厦 A 座 8 层
邮编：100011 电话：010-64263661 64261528

印 刷：三河市嘉科万达彩色印刷有限公司
开 本：880 mm×1230 mm 1/32 成品尺寸：145 mm×210 mm
印 张：6 字 数：143 千字
版 次：2024 年 3 月第 1 版 印 次：2024 年 3 月第 1 次印刷
定 价：42.00 元

你有没有做过这样的工作?

◊ “请在下周一之前将提交给客户的企划案总结出来。”

◊ 在接到上司的命令之后，为了写好企划案，开始通宵达旦地工作，甚至周六日都来加班。

◊ 结果，周一还被领导大批：“有没有搞错?这份企划案一点儿创意也没有啊。明天拿个不一样的出来。”

你是不是职场的“伪努力者”？

◊ 忙忙碌碌却无法取得成果。

◊ 非常努力却得不到客户和上司的赏识。

◊ 总是与时间赛跑，赶在最后一刻完成，或者无法完成。

◊ 职场的“伪努力者”在工作时做很多无用功，精力分散。所以不管怎么努力都无法取得成果。

你的工作能够创造价值吗？

◊ 麦肯锡的价值就是“顾客至上”，也就是让顾客的利益最大化。

◊ 身为麦肯锡的员工必须时刻牢记，自己工作的目的就是提出让客户眼前一亮的创意，在现场收集能够激发灵感的第一手信息。

◊ 任何工作都存在价值。找出工作之中的价值、提供价值，都可以使人感受到工作的乐趣。

你对时间的感觉准确吗？

◊ 不擅长安排工作的人，主要的问题都出在对时间的估算不准确上。不能准确地把握自己的“时间感觉”和工作能力的人，首先可以从“将估算的工作时间延长到原来的 2 倍”开始。实际工作中，我们会遇到各种各样的情况，所以提前预留出富裕的时间，可以避免出现时间表一拖再拖的情况。

你了解上司的期待值吗?

◊ 当上司要求你制作报告书的时候，应该怎么做才好呢?

◊ 如果上司对报告书的内容十分重视，那多花些时间仔细制作一份报告书就显得很有必要;如果上司更重视速度，那么尽快将报告书整理出来就可以使上司满意。

◊ 所以当上司对你说“制作一份给客户的提案书”时，先搞清楚上司的期待值，就可以消除很多无用功。

安排工作需要考虑的重点是什么？

◊ 在制作工作安排表的时候，还需要考虑以下三个内容：

①将力量集中在与价值直接挂钩的最重要的部分；

②对工作整体的品质和速度进行改善；

③在工作上取得重大突破。

麦肯锡顾问的日常工作习惯是什么？

◊ 不加班，早睡早起，保持精力充沛。

◊ 热爱运动。没有时间运动，散散步也能使你心情放松，注意力提高。

◊ 不断学习，有输入，有输出。

◊ 保持工作之外的兴趣爱好。

◊ 每天保证 20 分钟“安静的时间”。

前　言

如果上司突然对你说：“从现在开始在30分钟之内想出一个开始新事业的创意。”

或许很多人都会不知所措吧。

我曾经在被称为世界第一的管理顾问公司麦肯锡工作过。

虽然解决客户的问题就是管理顾问的工作，但客户所存在的问题都非常复杂，有些问题根本找不到答案，还有些问题因为状况非常复杂而不知道应该从何处开始下手。

这也是理所当然的，如果是自己公司和组织能够解决的问题，又何必专门去找管理顾问公司来帮忙解决呢？

因此，身为管理顾问必须比客户更加了解客户的行业和业务，只有这样才能够让客户大吃一惊地说出：“原来如此！竟然还有这样的解决办法！”

不过，解决问题的时间并不是无限的。

一般的项目期限为3个月到6个月，在确定问题和不断进行尝试的过程中，时间很快就会过去。而在有限的时间里取得令客户大吃一惊的成果，这就是管理顾问的使命。

也就是说，要同时追求工作的“品质”与“速度”，拿出完美的方案。这对于管理顾问来说是最基本的要求。回忆起来，当时我身边的人都超级优秀。而我在其中绝对称不上超级优秀，每天都为了能够高品质、高效率地完成工作而忙得焦头烂额。

后来，我逐渐掌握了能够同时保证“品质”与“速度”的思考方法和技巧。实际上，几个月之后我工作的“品质”与“速度”都得到了大幅度的提高，在我不断重复工作的过程中，这种方法已经在不知不觉间成了我的习惯。

同样的事情，也发生在我遇到的那些商界精英身上。我从麦肯锡“毕业”之后，作为组织开发管理顾问，遇到过许多商界精英，他们都拥有这个共同点。

另外，他们还有一个共同点就是工作非常轻松快乐。他们会将精力集中在最重要的事情上，并且享受工作。正因为他们对工作充满热情，所以才能够精力充沛地工作，让周围的人和顾客都被他们的热情所感染。

当然，实际上并不会有人提出“从现在开始在30分钟之内想出一个开始新事业的创意”之类的无理要求。

但麦肯锡的管理顾问和善于工作的商界精英，就算遇到这样的要求也不会一开始就拒绝或者放弃。如果真的必须在30分钟之内想出一个更好的创意，他们一定会绞尽脑汁地思考。而且，就算是在30分钟这样短的时间，他们也一样能够想出一个高质量的创意。

为什么我敢这样说呢？因为在这个世界上，确实存在在有限的时间内想出最高品质的创意的思考方法。我将这种思考方法称为“最小化思考法”。

所谓“最小化思考法”，就是将精力集中在能够创造价值的最重要的事情上，用最小的力量来将其实现的思考方法。

能够进行最小化思考的人，在开始工作之前，会首先明确应该集中精力的最重要的工作，并且将除此之外的一切都“舍弃”。所以，这样的人能够消除所有的无用功，用最小的力量取得最大的成果。也就是说，对于能够进行最小化思考的人来说，工作的结果在“开始前”就已经被决定了。

本书以我从在麦肯锡时一起工作过的优秀上司和同事以及在商界最前线遇到的精英们身上所学到的东西为基础，再加上我作为管理顾问的经验，为大家介绍在有限的时间内对工作进行最高品质“安排”的方法。这也是我在入职麦肯锡三个月之后掌握的基本技术。

本书的构成如下：

在第一章中，我将概括介绍用最小的力量取得最大成果的最小化思考法。是否能够进行最小化思考，不但关系到工作的安排，还将影响工作的结果。

在第二章中，我将对实践最小化思考法时必不可少的“假设”进行解说。通过建立准确的假设，就可以提高工作的速度和质量。

在第三章中，我将为大家介绍保证工作安排顺利进行的基础——“整体设计”。通过掌握工作的整体情况，不遗漏、不重复地对工作进行设计，可以提高工作的质量。

在第四章中，我将说明“成果”意识在工作中的重要性，在开始工作之前是否对最终成果物有一个设想，将会影响到工作的速度和质量。

在第五章中，我将为大家介绍将最小化思考法更进一步优化时需要注意的三个关键点。

在第六章之中，我将为大家介绍使“五感”变得敏锐应该养成哪些习惯。要想利用最小化思考法取得成果，需要在繁杂的情报和工作中找出“什么才是最重要的”，并且建立起准确的假设。因此，保持五感的最佳状态是非常有必要的。

“用最小的力量取得最大的成果”不但可以帮助你更好地工作，更能够让你的人生拥有更加充足的时间。如果诸位读者能够通过本书掌握这个方法，那将是我最大的荣幸。

大岛祥誉

目　录

第一章　优先做最重要的工作

第二章　用假设找到工作关键点

第三章 从大局需要设计工作流程

第四章 工作目标要清晰

第五章 将工作可视化

第六章 时刻保持五感的敏锐

第一章

优先做最重要的工作

所谓最小化，就是“最小，最小限度”的意思。也就是说，最小化思考法就是用最小的力量取得最大的成果的思考法。最小化思考法不用做太多的事，是将力量集中在最重要的事情上并取得成果的思考方法。

01

果断舍弃不重要的工作

“请在下周一之前将提交给客户的企划案总结出来。”

在接到上司的命令之后，为了总结企划案，首先要收集信息。通过互联网和书籍收集看似有用的信息，然后进行分析。

因为白天还要处理日常工作和开会，所以对信息进行收集和分析的工作只能在晚上进行。结果因为“时间不够”导致每天都要加班，甚至连周六日都要出勤。

好不容易在周一早晨把企划案提交上去，结果上司的回答却让人大失所望。

“有没有搞错？这份企划案一点儿创意也没有啊。明天拿个不一样的出来。”

结果就是通宵修改企划案……或许很多人都有过这样的经历吧。

用最少的付出，获得最多的成果

请回顾一下你的工作：

“忙忙碌碌却无法取得成果。”
“非常努力却得不到客户和上司的赏识。”
“总是与时间赛跑，赶在最后一刻完成，或者无法完成。”

如果你符合以上任何一条，那么你的工作安排就是有问题的。

对于这样的人，我推荐“最小化思考法”。

所谓最小化，就是“最小，最小限度”的意思。也就是说，最小化思考法就是用最小的力量取得最大的成果的思考法。

最小化思考法不用做太多的事，是将力量集中在最重要的事情上并取得成果的思考方法；也可以说是将自己的时间和精力最有效且最小限度地进行分配的思考方法。

一般情况下，太阳光都是分散的。但如果使用放大镜将阳光集中在一点上的话，阳光就会变成能够将纸张点燃的能量。同样，如果做的事情太多，那么力量就会分散。但如果将力量都集中在一点上，这个力量就会变得非常强。

通过将力量集中在一点上，就可以只用最小限度的力量，取得最大的成果。

能够进行最小化思考的人，不会同时做很多的工作。他们知道最应该集中力量做的事情是什么，并且能够将除此之外的东西都舍弃掉。这样的人能够用最少的付出获得最多的成果。这就是“工作安排的最高境界”。

02

用最小的力量取得最大的成果

我经常对公司领导和商务人士提出这样一个问题："现在最应该专注力量去做的事情是什么"，以麦肯锡的管理顾问为代表的活跃在商界第一线的精英们有一个共同点，那就是能够对这个问题立刻做出回答。也就是说，他们都能够准确地把握什么是最重要的事情。通过将力量集中在最重要的事情上就可以消除无用功，用最小的努力取得最好的成果。

像这样利用最小化思考法对工作进行安排，就能够切实地实现目标、取得成果。

你能够立刻回答出"现在最应该专注力量去做的事情是什么"这个问题吗？

如果不能的话，那么你很有可能没有专注力。

现代的商务人士都面对着堆积如山的工作，每个人都不得不利用有限的时间去做大量的工作，还必须取得成果。他们在认为工作必须有效率的同时，又对是否能够将工作全都做完感到焦虑。

能够拯救在这种严酷的环境中疲惫不堪的商务人士的崭新的思考方法，就是最小化思考法。

利用最小化思考法同时追求品质和速度

最小化思考法是一流的工作中必不可少的思考方法。

正如前文中提到过的那样，同时追求工作的“品质”与“速度”，拿出完美的方案，这对于管理顾问来说是理所当然的。

当我离开麦肯锡之后，我发现很多商务人士都很难在工作中同时保证“品质”与“速度”，而总是偏向于一方。

认真仔细地工作、保证高品质，但如果总是不按时完成工作，那么再高的品质也是白费。工作是团队合作，如果一个人耽搁了时间，就会给许多相关人员带来麻烦。

另外，在职场中，一个人负责多个工作是很正常的现象，如果在一个工作上耽搁太多时间，就会影响工作的整体表现。

相反，如果工作速度很快，质量却不高的话，也一样会出现问题。

“能够快速完成工作的人”并不等于“工作做得好的人”。当然，速度快总比速度慢要好，但如果只是完成了工作，却存在许多问题的话，那么肯定也无法得到上司和客户的好评。

另外，只追求速度的工作，只要积累一定的经验，任何人都可以胜任，所以你的工作很有可能被派遣社员、兼职员工或者AI（人工智能）所取代。

用只有你才能想出的创意和只有你才能做出的行动来取得成果的工作，才是高品质的工作。

让我们来思考一下高速度和高品质究竟指的是什么。

工作迅速品质高，指的是迅速地把握课题，并且通过解决课题来取得成果。这也意味着“生产效率高”。

快速开展工作和工作速度快是不同的。快速开展工作，指的是在得到工作指令后立刻开始行动。而工作速度快，指的是完成工作所需的时间短。

立刻开始行动当然好，但能够在一个合适的时间段内完成工作显然更加重要。

所谓合适的时间段，指的就是在期限之前完成。考虑到工作都是有期限的，所以最好在开始工作之前就给工作制订一个计划。

与匆匆忙忙地开始工作、因为焦急而导致品质低下相比，先制订一个计划，按部就班地完成工作，工作品质会更高。

因此，速度和品质都很高的人，就是能够以很快的速度在期限之内高品质地完成工作的人。也就是说，他能够采取没有无用功的行动取得成果。

为了实现这一目标，最重要的是将力量集中在确实能够取得成果的事情上，并且将除此之外的一切都舍弃掉。

你的工作能够保证品质和速度吗？

如果不能的话，那么就从现在开始朝着这个目标努力吧。

我因为工作的关系遇见过许多商务人士，那些在工作中表现得非常出色、得到周围人一致好评的人，无一例外都是能够同时做到品质高和速度快的人。同时，他们的人生也和工作一样，非常轻松快乐。

而那些在公司里面表现平平的人，要么是在“品质”和“速度”两方面都做得不够好，要么就是这两者欠缺其一。

如果能够用最小化思考法来进行工作，就可以消除无用功，将力量集中在重要的事情上，品质和速度自然就会得到提升。

经营学家德鲁克曾经对使用最小化思考法的人给出过非常准确的定义。

“如果问我取得成果的秘诀是什么，我的回答是集中。能够取得成果的人会从最重要的事情开始，而且一次只做一件事。”

使用最小化思考法的人就完全贯彻了德鲁克的这个主张。只要掌握了最小化思考法，就能够在保证品质和速度的同时完成非常困难的工作。

那么，最小化思考法都是由哪些要素构成的呢？

本书将按照下一页图片中的顺序来对最小化思考法进行解说。

在第一章中，我将为大家介绍“什么是最小化思考法”，以及“决定应该实现的价值”，从第二章开始我将会对“假设”“整体设计”“成果设计”“更上一层楼的工作安排术”等进行详细的解说，另外对作为整体基础的“养成使五感敏锐的习惯”，我也会做简单的介绍。

最小化思考法的整体情况

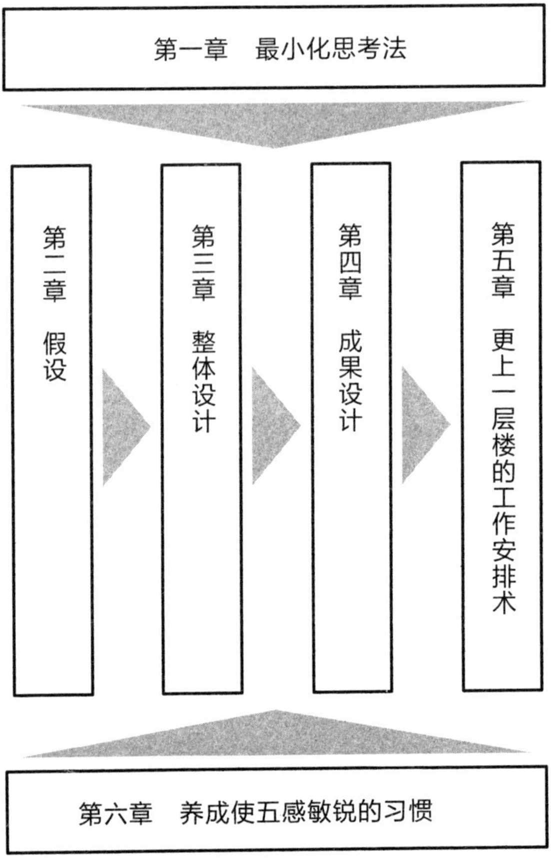

03

优先安排最有价值的工作

如果有人问你“什么是工作安排”，你会怎么回答呢？说起工作安排，一般情况下，大家首先想到的都是时间表管理、缩短时间、交流方法、高效工作术等技术上的内容。

虽然本书也会介绍这些工作安排的技术方法，但这并不是工作安排的本质。

通过这些技术或许能够获得暂时的效果，但这些技术和技巧带来的效果都是有限的。绝大多数情况下都只是暂时提高了工作的速度，却不能提高工作的品质。因此关键在于提高思考的质量。只有在保证思考质量的基础之上使用工作安排的技术和技巧，才能得到最好的效果。

本书将指明好的工作安排的最大特点就是“最小化思考法”。

说起最小化思考法，有一个不得不提的重要概念，那就是“价值”。

“你能够提供的价值是什么？”

恐怕没有人能够立刻回答出这个问题吧。因为很多人从没有思考过自己能够提供什么“价值”。

“价值”这个词换个通俗易懂的说法，就是你能够给对方提供什么样的好处。通过完成这个工作，你能够给自己、顾客、工作对象带来好处，这就是有价值的工作。

例如：星巴克咖啡的价值何在？

提供一个既不是家（第一场所）也不是工作单位（第二场所）的“第三场所”，这就是星巴克价值的真正体现。也就是说，星巴克不只为顾客提供了美味的咖啡，更提供了一个能够自由享受的空间，这就是星巴克的价值。

严禁吸烟，舒适优雅的空间，而且可以免费使用Wi-Fi和电源，可以在里面用笔记本电脑办公，还可以和朋友一起聊天，更可以独自一人静静地阅读书籍。在一个舒适优雅的空间里自由地活动，这就是星巴克的价值。而在星巴克之前，没有一家咖啡馆能够提供这样的空间。

另外，最近以提供早间服务而大受欢迎的“komeda咖啡”的价值又是什么呢？正如其公司的宗旨“让任何人都可以享受的‘大街上的客厅’”一样，提供像在自己家里一样的舒适感觉就是“komeda咖啡”的价值。褪色的墙壁，木质的天花板，由真正的红砖修建而成的店铺，让人感觉非常温馨，仿佛回到了昭和时代。所以顾客可以穿着很随意的服装轻轻松松地来到店里放松自己的心情。

星巴克和komeda提供的价值都不是咖啡这种商品本身，而是和咖啡一起体验的空间。通过让顾客得到满足，它们自身发展成为大受欢迎的咖啡店，这就是价值。

所谓价值，就是可以对“如果能够这样就好了”“如果能够解决这个烦恼就好了”之类的问题给出答案。

你的工作能够创造价值吗？

麦肯锡的价值就是“顾客至上”。也就是说，要让顾客的利益最大化。麦肯锡一直在思考：要想让顾客的利益最大化，自己能够创造什么价值？身为麦肯锡的员工必须时刻牢记，自己工作的目的就是提出能够让客户眼前一亮的创意，在现场收集能够激发灵感的第一手信息。工作中的价值没有正确答案。因为不同的工作具有不同的价值，所以答案也不是唯一的。

对于麦肯锡的员工来说，自己工作的价值就是亲自找出什么是对顾客来说有价值的东西。满怀热情、精力充沛地去寻找价值，并且乐在其中。而这种工作热情也一定能够感染周围的人。

制作企划书的价值，就是让顾客（或者上司）认识到“这个企划书就是我想要的”，接待工作的价值就是让顾客感到“购买了这件商品实在是太好了”。

对于饮料生产商的企划负责人，新商品开发的价值就是：当消费者想要一瓶能够补充能量、消除疲劳且好喝的饮料时，满足消费者的这一需求。

矿泉水“irohasu”（日本可口可乐）就以环保瓶作为自己的价值基础来开发产品，与强调水源地“品质”价值的矿泉水相比提出了不同的价值。irohasu的瓶子很轻便，因此购买irohasu的矿泉水就相当于为减少二氧化碳的排放做出了贡献。

任何工作都存在价值。找出工作之中的价值、提供价值，都可以使人感受到工作的乐趣。

在办公室里，泡茶的工作也有价值。“给会议参加者送上美味的茶水，可以缓解他们的心情，让会议变得更有效率”，这就是价值。泡一壶好茶，让会议能够顺利进行，这种“关键的茶水”就有非常重要的价值。只要找出隐藏在其中的价值，就连泡茶都会变成一份很有意义和乐趣的工作。

经常进行最小化思考的人，不会思考“应该做什么”，而会思考“什么能够产生价值”。而且他们不仅热衷于创造价值，还能够将这种价值以及其中的乐趣传达给顾客。

找到价值能够改变结果

只要时刻思考工作“应该创造什么样的价值”，就能够发现应该专注力量去做的重要事情。

比如“创办一个让60岁以上的男性感兴趣的杂志”，那就需要收集“60岁以上的男性都对什么样的事情感兴趣”之类的信息，并且对这些信息进行分析，而不能去收集年轻人都喜欢什么和年轻人中都流行什么。

如果不明确价值，工作中就会做许多无用功，自然就难以取得成果。

假设你的工作是给房屋建造提供必要的石材，如果你从一开始就意识到“白色统一的美感”是价值所在，那么就会在挑选石材的时候选择白色的石头。但是如果你没有意识到这个价值的话，那么在挑选石材的时候就不会注意颜色，而是随意挑选了。

明确了工作的价值就像是指明了前进的方向，在工作开始之前就可以预测到最终的结果。甚至可以说，在工作的准备阶段就已经得出了结果。

你现在正在从事的工作的价值是什么？

如果不能够立刻回答出这个问题的话，那你的工作一定正在走弯路，你就有必要先停下来明确一下自己工作的价值。

04

通过不断重复“假设”与“验证”来创造价值

要想在工作中取得成果，首先必须决定价值，然后为了实现价值进行具体的工作安排。当然，在进行工作安排的时候，应该用最小化思考法力求以最小的力量取得最大的成果。

在为了实现价值而进行工作安排的时候，有三个技术是必不可少的：

①建立假设的技术（在第二章中详细介绍）；
②整体设计的技术（在第三章中详细介绍）；
③成果设计的技术（在第四章中详细介绍）。

这三个技术就是最小化思考法的基础。

在掌握了上述技术的基础上进行工作安排，就能够创造出价值，同时提高工作的品质与效率。另外，因为这是能够应用于任何工作之中的方法，所以在任何工作之中都能够稳定地取得高品质与高效率的成果。

接下来就让我们来对这三个技术做一下简单的了解吧。

首先从“建立假设的技术”开始。

客户对管理顾问提出的都是像“销售额难以提高”“收益性太差”“无法开展新业务”之类自己的公司难以解决的问题。

客户不可能告诉你“问题出在××，我想要××”这种具体的问题点和解决方案。所以管理顾问必须自己对客户存在的问题进行了解和分析，并且为解决问题找出最核心的课题。

什么是最核心的课题？要想解决这一问题，就必须找出真正的问题，即“真因”（issue）。找出真因并将其解决，对于客户来说就是一个重大的突破。因此，在绝大多数的情况下，找出真因就是管理顾问的“价值”所在。

然而，对于“销售额难以提高”这个问题来说，原因多种多样。可能是因为产品本身没有竞争力，也可能是因为没有找准目标顾客群体。如果要列举的话，我甚至可以想出几十甚至上百条原因。

要想对这些原因一个不漏地进行验证和分析，那恐怕有再多时间也不够用。因为企业所处的环境是在不断变化的，所以必须在有限的时间（一般都是几个月）内找出什么是最核心的课题，并且给出解决方案。

这就需要管理顾问首先找出最核心的课题，然后再对问题进行深入的挖掘。可以通过查阅过去的案例和报告，或者向经验丰富的前辈以及专业人士寻求意见，来找出导致销售额难以提高的原因。

假设真正的问题是“个别的销售人员销量很高，但销售技巧并没有普及所有的销售人员”。如果能够解决这个真因，那么销售额就能得到提高，给客户创造价值。

当确定了真因之后，接下来需要做的就是思考解决问题的方法，也就是建立“这样做是否能够解决真因”的假设。

以前文提到过的那个情况为例，首先建立“将销售技巧放到网上共享，是否能够提高销售人员的整体水平”的假设，就可以围绕“将销售技巧共享”进行更加深入的探讨。

当然，假设不一定都是正确的。假设只是以创造价值为目的的“临时想法”而已。用更通俗的话来说，假设就是“如果是这样就好了”的个人愿望。既然是愿望，那就难免有不会实现的情况。所以如果对假设进行验证之后，结果证明这样做无法提高销量，那就需要重新建立假设。

建立假设并进行验证，如果没有取得好的结果就重新建立假设再进行验证。这就是“建立假设的技术”。

如果从一开始就拥有能够建立起准确度较高的假设（高概率能够取得成果的假设）的方法与工具，那就可以在很短的时间内取得很大的成果。关于这部分的技巧与工具，我将在后文中为大家进行详细的说明。在这里我想强调的是：只要能够快速地建立准确度较高的假设并在进行验证的同时开展工作，就可以实现工作的高品质与高效率。“假设”并不只适用于工期较长的大工程以及大型项目，掌握了建立假设技术的人，即便在日常的工作之中也会自然而然地通过建立假设来对工作进行安排。

在对销售负责人提出建议的时候，首先应该针对解决销售负责人所面对的问题的方法建立假设，然后提出解决方案。在为了写企划书而收集信息的时候，可以先建立“我是否可以用这些数据来制作企划书”的假设。

另外，在参加公司内部会议的时候，也可以针对这次会议必须得出的结论来建立一个假设。只要能够准确地建立起假设，那么不管面对什么样的工作，都一定能够有品质和有效率地完成。

在建立假设之前先提问

假设是以创造价值为目的的“临时想法”。根据这一定义，价值与假设就是互为表里的关系。因此，在商业活动的现场，价值与假设是要同时思考的内容。

在“前言”中我向大家提出了一个问题：如果上司突然对你说“从现在开始在30分钟之内想出一个开始新事业的创意”，你要如何回答呢？掌握最小化思考法的人，首先一定会在确定价值的同时建立假设。因为只有短短30分钟的时间，所以不可能去排查所有的可能性。如果不能在对想法进行整理之前先在某种程度上确定“应该按照这个方向思考”，那30分钟真的是一下子就过去了。

假设一个从事甜品开发的人，面对“从现在开始在30分钟之内想出一个开始新事业的创意”这个问题。

说起甜品的新创意，那可真是太多了，即便是外行也能随口说出好几个。但是，这样的创意或许并不是市场或者上司想要的。

通过不断重复“假设”与“验证”来创造价值

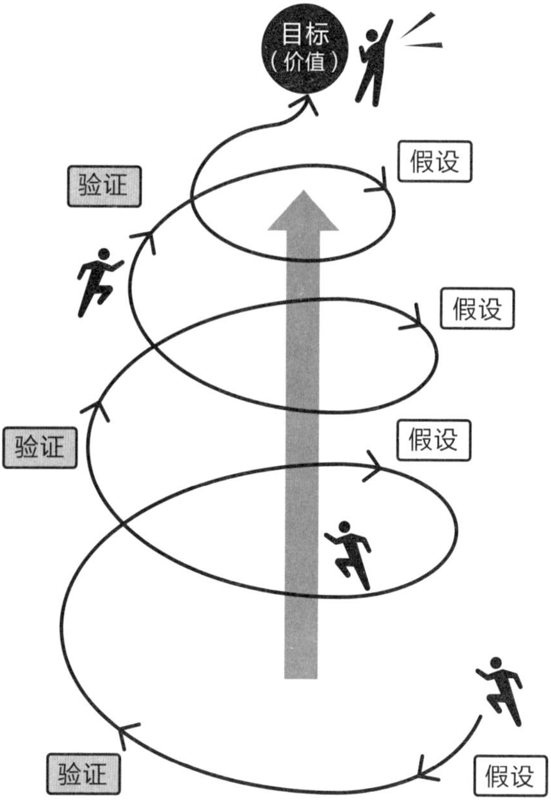

通过快速地重复“假设”与“验证”，
就能够有品质和有效率地完成工作

掌握最小化思考法的人，首先会拿出10分钟的时间专门用来建立假设。

因为完全没有时间进行市场调查，所以直接与提问的上司进行沟通是了解价值并建立准确假设的最佳办法。

比如在与上司进行沟通时，上司说了“我们的产品在中年男性顾客群体之中的市场占有率很低”这样一句话，那么让中年男性感兴趣就是价值所在，也就是说，应该建立“打造一款适合中年男性的甜品”的假设。当建立起这样的假设之后，就可以围绕它展开思考，最终你的提案很有可能会得到上司的认可。

掌握最小化思考法的人，往往能够将注意力集中在价值和假设这些最重要的问题上。可以说，价值和假设的设定是最小化思考法的第一步。

05

从整体的视角审视自己的工作

在建立起假设之后，必须对假设是否正确进行验证。为了进行验证，管理顾问必须收集大量的信息，亲自去现场确认实际情况。平时还要进行问卷调查以及与相关人员沟通获取信息。

曾经有一家咖啡店想改变一下自己的经营模式，这家咖啡店之前销售过一款甜品大受好评，因此打算将这款甜品和咖啡同时作为自己的主营业务。但是这家店打算开分店的区域已经有很多家咖啡店，竞争十分激烈，于是我在给这家店做管理顾问的时候提出的假设就是“是否可以将这款甜品作为早餐销售”。

我之所以会提出这个假设，一是因为选择西式早餐的人越来越多，二是回想起了自己“在宾馆早晨吃了松饼，有一种很幸福的感觉”的经历。

但是，在当时人们一提起甜品都认为是间食（非正餐的饮食），对于人们是否能够接受甜品作为早餐还需要进行验证。

于是我就前往现场，也就是人们吃早餐的地方，进行面对面沟通和问卷调查。调查的结果显示，人们对英国松饼这种吃起来既方便又美味的食物接受度很高。这个过程就是建立假设进行验证的过程。总之，就是通过全面的信息收集，对假设是否正确进行验证。如果发现假设是正确的，那就可以对假设进行实施。

在对假设进行验证的阶段，不能想到什么就做什么，而应该在开始行动之前首先创建一个整体的设计图。也就是面向“创造价值”这一目标，描绘出一幅能够对整体进行把握的“地图”。

不擅长对工作进行安排的人，基本都没有这个“地图”。因为他们都是想到什么就做什么，所以有些必须做的重要工作往往都被延后甚至彻底忘记。

掌握最小化思考法的人，首先会对整体情况进行把握，并且在展开工作的过程中时刻牢记整体情况。这就是整体设计的技术。

我很幸运地在做管理顾问的时候就养成了这样的习惯，所以时至今日仍然会自然而然地从整体的视角上对自己现在所做的工作进行审视，把握现在自己所做的工作究竟属于整体之中的哪一部分。

让我们再来看看前文中提到过的“打造一款适合中年男性的甜品”这个假设，在这种情况下，需要事先将进行验证所需的工作全都列出来。比如，“对中年男性进行关于甜品的市场调查”是必不可少的工作，而对竞争对手的动向和自己公司的资源进行调查也是很有必要的。

将需要做的工作都落实在设计图上之后，不但可以对所需的工作时间一目了然，还可以找出哪些工作是应该优先处理的。另外，这样做还可以防止出现遗漏，不会等到事后才想起来“哎呀，还有那件事没有做”。

整体设计图

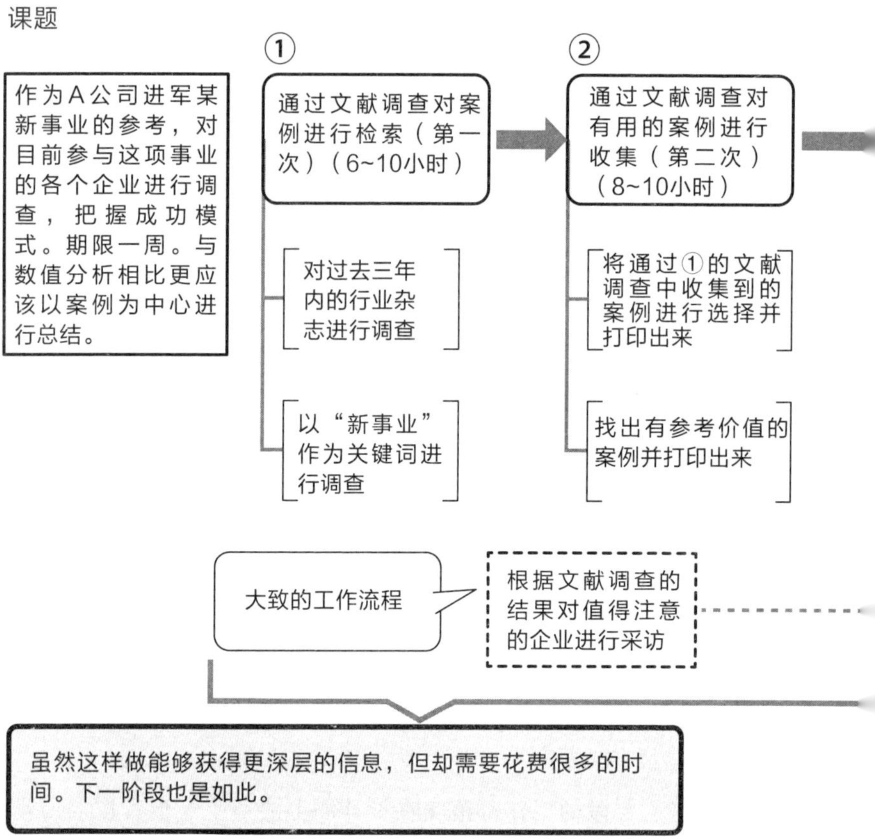
课题
作为A公司进军某新事业的参考，对目前参与这项事业的各个企业进行调查，把握成功模式。期限一周。与数值分析相比更应该以案例为中心进行总结。
①
通过文献调查对案例进行检索（第一次）（6~10小时）
对过去三年内的行业杂志进行调查
以“新事业”作为关键词进行调查
②
通过文献调查对有用的案例进行收集（第二次）（8~10小时）
将通过①的文献调查中收集到的案例进行选择并打印出来
找出有参考价值的案例并打印出来
大致的工作流程
根据文献调查的结果对值得注意的企业进行采访
虽然这样做能够获得更深层的信息，但却需要花费很多的时间。下一阶段也是如此。

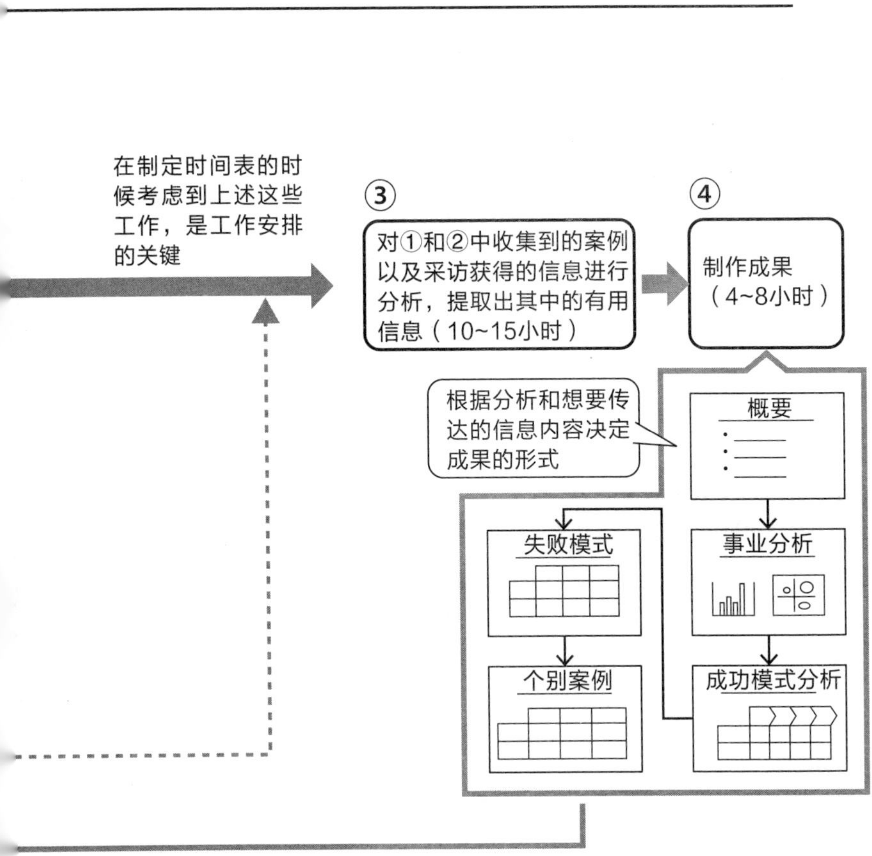
在制定时间表的时候考虑到上述这些工作，是工作安排的关键
③
对①和②中收集到的案例以及采访获得的信息进行分析，提取出其中的有用信息（10~15小时）
④
制作成果
（4~8小时）
根据分析和想要传达的信息内容决定成果的形式
概要
失败模式
事业分析
个别案例
成功模式分析

不过，对于“从现在开始在30分钟之内想出一个开始新事业的创意”这种情况来说，并没有仔仔细细地制作设计图的时间。但是，只要掌握了在大脑里将应该做的事情整理成设计图的能力，就可以利用15分钟的时间定下“想出尽可能多的适合中年男性的甜品”和“在公司里找出最少3名最多15名中年男性，向他们询问一般都在什么情况下吃甜品，以及对刚才想出的甜品创意是否感兴趣”是应该优先处理的工作。

06

用“空·雨·伞”的框架把握工作的成果

任何工作都有时间限制，那种“什么时候做好都可以”的工作是不存在的。

如果真有那样的工作，那很有可能是一个没什么价值的工作。也就是说，不管做还是不做，都不会获得什么成果和评价。

一流的工作者，必须在有限的时间里拿出最好的表现。

比如一流的足球运动员，需要在全场90分钟的时间里取得成果，绝对不能因为没有进球得分就要求“请再加时5分钟”。他们之所以被称为一流的足球运动员，就是因为能够在90分钟这有限的时间内取得进球这一成果。

专业的象棋选手也是如此，在对局的时候思考的时间是有限的，不可能经过无限时的思考才走一步棋。不管走出多么精妙的一步棋，如果超出了时间限制便毫无意义。也就是说，必须在有限的时间内做出最准确的判断，迫使对方说出“我输了”。

一流的厨师也一样，客人不可能为了吃一顿饭等待两三个小时。如果不能在客人点单之后的几十分钟之内做出最棒的美食，就无法使客人满意。

在工作开始之前对目标有明确的概念

掌握最小化思考法的人也能够在有限的时间内拿出最优秀的表现。比如麦肯锡的管理顾问，必须在3～6个月之内拿出能够让客户满意的成果。也就是说，他们都经历过基于最小化思考法采取行动的严格训练。

要想做到这一点，在开始工作之前就对目标有一个明确的概念尤为重要。

当明确了目标之后，就可以根据目标逆推出工作的安排，描绘出整体的设计图。

如果目标明确，要做的事情自然也一目了然。也就是说，知道“现在”应该把力量集中在什么地方。

如果没有一个明确的目标，那就只能从手边的工作开始做起，甚至还要去做那些本来没有必要做的工作。这样的话，要想在短时间内拿出最优秀的表现恐怕很难吧。

先描绘出整体的设计图，在工作的过程中时刻把握整体情况，这样就可以消除工作中的无用功，提高工作的品质和效率。

麦肯锡的管理顾问一般都对最终成果物有一个明确的概念。具体来说，用于向客户发表结论的几十页“资料”就是最终成果物。

当然，谁也不可能在工作刚开始的时候就完全掌握资料的内容细节，但应该明确“最终总结出30页左右的资料，客户应该会很满意”这一实现价值的目标。

要想在明确目标与最终成果物的前提下开展工作，就需要对成果进行设计。

这是不管做任何工作都必须掌握的技术。

“自己的最终成果物究竟是什么？”

自己必须能够对这个问题给出明确的回答。而且在工作的过程中，要时刻把握现在的工作属于整体之中的哪一个部分，现在的工作是否与最终成果物存在关联。

如果你是销售人员，那么顾客最终购买了你提供的商品或服务就是你的最终成果物。如果你是企划人员，那么企划书就是你的最终成果物。如果你的工作是策划商品促销活动，那么通过促销活动使商品销量提高就是你的最终成果物。

用“空·雨·伞”的框架对成果进行总结

如果一个掌握最小化思考法的人接到“从现在开始在30分钟之内想出一个开始新事业的创意”的命令，他会首先明确最终成果物，然后再思考创意。

在有限的30分钟之内，用来对最终成果物进行总结的时间只有短短5分钟。因此根本没有时间去准备充足的资料。

在这种时候就要用到框架了。所谓框架，也可以称为“思考的方法”。

我在麦肯锡就职时，每当需要提出解决办法的时候，都会用到一个被称为“空・雨・伞”的框架。

出门之前抬头看看天空，如果发现阴云密布这一“事实”的话，一般人都会做出大概会下雨的“解释”，然后采取带伞出门这个“行动”。

- 空——现在是什么情况？（事实）
- 雨——这个情况有什么意义？（解释）
- 伞——在这种情况下应该做什么？（行动）

利用“空・雨・伞”的框架，通过对现状的分析和验证得出解决办法，就可以制作出具有说服力的最终成果物。

因此，麦肯锡的管理顾问在听到“从现在开始在30分钟之内想出一个开始新事业的创意”这句话的一瞬间，就会立刻通过“空・雨・伞”的思考方法对最终成果物有一定的把握，然后继续进行假设的验证以及整体设计。

最后将利用“空・雨・伞”的框架总结出来的资料提交给上司。

- 空——产品在中年男性顾客群体中的市场占有率很低
- 雨——现代人比较注意糖尿病等生活习惯病
- 伞——开发含糖量较少的甜品

像这样通过框架先对最终成果物有一定的把握，然后再进行工作安排，不但可以提高思考的效率，还可以使自己制作的最终成果物具有说服力，也就是实现了同时具备品质和效率的工作目标。

利用“空·雨·伞”的框架制作出最终成果物

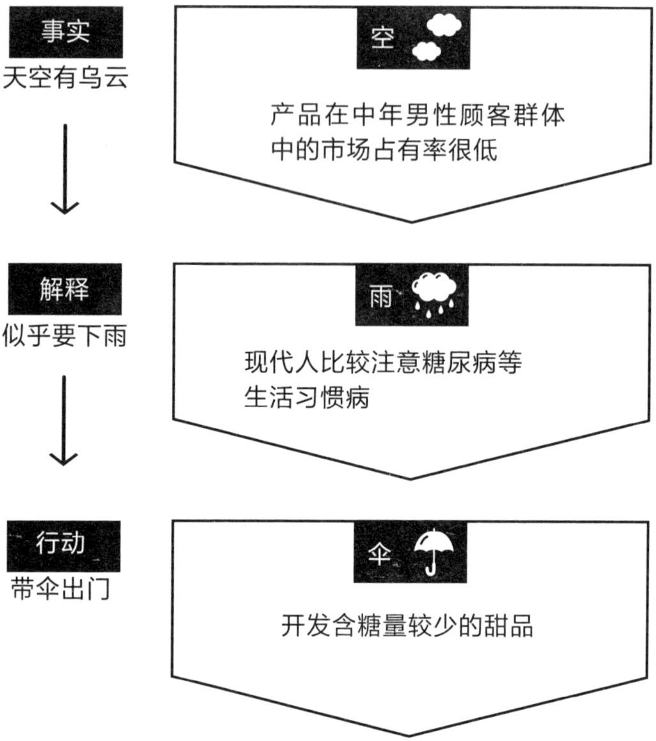

对最终成果物有一定的把握之后就可以进行最小化思考

07

工作安排的关键是流程设计和技能提升

最小化思考法由“建立假设”“整体设计”“成果设计”这三个技术组成，但在对上述内容进行实践的时候，按照怎样的顺序来安排工作是关键。

大家在听到“工作安排”这个词组的时候，首先会想到什么呢?

工作安排大致可以分为两类。

一类是针对实现目标的“流程”的工作安排。

任何工作和项目都是由多个流程组成的。准确地把握流程，将工作安排当成取得最终成果物的“地图”，就可以用最小的力量完成工作。

在对上述思考方法进行实践的时候，“整体设计”与“成果设计”的技术必不可少。

还有一类就是以提高各项作业的品质与效率为目标的工作安排。

比如对一摞资料进行复印的时候，不要一张张地复印，应该利用复印机的连续复印功能将整摞资料一起复印，这样可以提高工作的效率。这也可以说是提高工作速度的“技能”。

很多人在说起工作安排的时候，首先想到的都是提高工作速度的技能，但要想同时提高品质与效率，还必须拥有对流程进行工作安排的意识。

掌握最小化思考法的人，都是先找到实现目标的最短流程，然后在此基础上开始进行工作安排。

只掌握提高作业效率的技能并不是“工作安排”

工作必须在流程之中进行。而在流程之中的各项作业，只不过是通往最终成果物的阶段而已。

比如销售的工作，只和客户预约见面的时间不能算是完成了工作。在预约了见面的时间之后，还要对客户进行访问、撰写提案书、进行售后跟踪等。也就是说，只有走完整个流程，工作才算完成。

因此，掌握提高各项作业的工作效率的技能固然重要，但如果不能对整个流程进行安排的话，仍然无法保证工作的品质和效率。

通过把握“流程”提高品质和效率

工作的流程 \ 技能例	提高品质				提高效率			
	活用框架	思考术	交流	……	获取复印件	分工	快速反应	……
把握顾客的需求	✓	✓	✓			✓		
预约见面		✓	✓		✓		✓	
商谈	✓	✓	✓					
成交		✓	✓		✓		✓	
售后服务	✓	✓	✓				✓	

↓

顾客的获取与维系

比如有些人看到网上说“工作效率高的人在收到邮件后会立刻回复”，于是便立刻进行实践。

虽然将学到的东西立刻付诸实践是值得称赞的行为，但这只不过是提高作业效率的小技能而已。如果不管收到什么邮件都立刻进行回复，可能会被迫中断正在进行的其他工作，使专注力受到影响，反而影响工作的进程，甚至可能造成工作品质下降的后果。

所以不能对什么邮件都立刻回复，而应该分清哪些是必须立刻回复的邮件，哪些是可以延后回复的邮件。在对工作整体进行安排的基础上，要灵活地利用能够提高作业效率的技能。

要想对实现目标的流程进行工作安排，就必须利用整体设计图对工作的整体情况有所把握。一旦把握了工作的整体情况，就可以找出应该将力量集中的地方。

在第五章中，我将对这种更进一步的工作安排术进行具体的解说。

通过敏锐的“五感”最大限度地提高工作的品质和效率

在前文中我为大家介绍了最小化思考法的概要，那么要想更进一步保证高品质和高效率的工作应该怎么做才好呢？

我认为最好的办法就是让自己的身体和工作环境都处于最佳状态。熬夜工作、带病工作或者心神不定的话，肯定很难发挥出最佳的表现，这一点想必大家也都深有体会吧。反之，如果能够使“五感”变得敏锐，提高自己的专注力，那么在同样的时间里你能做比别人更多的事情，工作的品质和效率也自然会得到巨大的提升。

在第六章中，我将详细介绍使“五感”保持敏锐的习惯。

在这一章中，我对最小化思考法进行了简单的介绍。从下一章开始，让我们对最小化思考法的各个构成要素逐一进行更加深入的思考吧。

第二章

用假设找到工作关键点

掌握最小化思考法的管理顾问，每天都会进行建立假设的训练，并且已经养成了建立假设的习惯，所以他们能够根据自己的经验和直觉建立起准确度较高的假设。

01

通过“假设”找到最重要的工作

要想通过最小化思考法保证工作的品质和效率，建立假设必不可少。时刻带着假设工作对麦肯锡的管理顾问来说是理所当然的事情。

那么，“假设”究竟是什么呢?

正如前文提到过的那样，假设就是“以创造价值为目的的‘临时想法’”。

比如要是存在“销售额难以提高”这个问题，那就需要建立一个像“现有顾客的购买力下降或许是导致销售额难以提高的原因”这样更详细、更接近本质的假设。

建立起这样的假设之后，就可以想出“给老顾客提供优惠”“使现有顾客会员化”之类的解决办法，然后对其进行验证。

通过建立假设，可以找出应该做的事，从而将力量都集中在一点上。

在建立假设的时候，可以说效率就是生命。

麦肯锡的管理顾问在解决客户问题时，最初的一两周时间具有决定性的意义。因为管理顾问要在3～6个月之内取得成果（有效的提案），所以必须在最初的阶段就建立起有理有据的假设，并且为了验证假设是否正确，立刻开始对信息进行收集和分析。

在分析阶段，除了收集资料和数据类的信息之外，还需要对用户进行问卷调查，与客户的销售人员一起走访交易对象，从现场收集全面的信息。管理顾问很少回到自己的办公室，每天都在四处奔走。

像这样在进行信息收集与分析的过程中，3～6个月的时间一转眼就过去了。

所以，如果在最初的阶段就磨磨蹭蹭，过了好长时间才开始收集信息的话，那后面的时间就会变得十分紧张，难以在期限之内拿出最合适的问题解决方案。

关键在于从一开始就迅速地建立假设，也就是把力量集中在“如何在最初的阶段就建立起准确的假设”这一问题上。

建立假设可以使问题变得更加具体

让我们以购物的情况为例，当你想买一台个人电脑的时候，如果想的只是“总之就是想买台个人电脑”，那就会漫无目的地去逛每一家电子商店。在对商品进行比较的过程中可能会出现很多困扰，而时间就在你的犹豫中流逝，最后或许会落得一个“今天先不买了，改天再来”的结果。

如果你能够在最开始就建立起“想买一台便于搬运的个人电脑”这一假设，那么就可以锁定几家商店。至少那些只卖台式机的商店就不用去了。

另外，建立起假设之后你对店员提出的问题也会变得更加具体、更有针对性。你可以更加冷静地判断自己究竟需要的是笔记本电脑还是平板电脑，甚至还可能得出“只用智能手机就足够了”的结论。

有了假设，就可以在不花费太多时间的情况下取得自己想要的成果。

除了解决问题与购物之外，在平时的工作中也应该从一开始就建立假设，这样你可以在一开始就找到“目标”，从而知道在有限的时间里应该将力量集中在什么地方。

比如一名销售人员，如果他能够建立起“顾客想要的或许是××”这一假设，那么他就会对自己推销的方法和商品进行一些调整，将力量集中在应该做的事情上。

当然，如果通过验证发现假设是错误的，那就需要对轨道进行修正，但从结果上来看，还是在通往成果的道路上更进了一步。

如果没有建立起假设，就会让人陷入不知如何是好的困境。因为不知道应该做什么，那就只能乱搞一气。这不仅会让人做大量的无用功，甚至还有可能在时间耗尽之前仍然没有取得成果。

是否建立起“假设”对成果的影响

没有建立起假设的情况

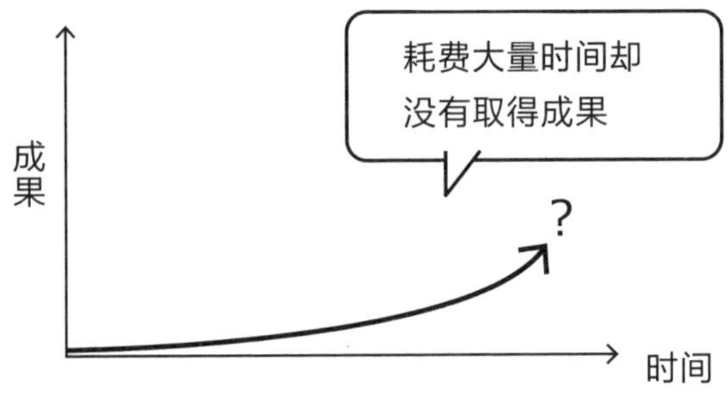

建立起假设的情况

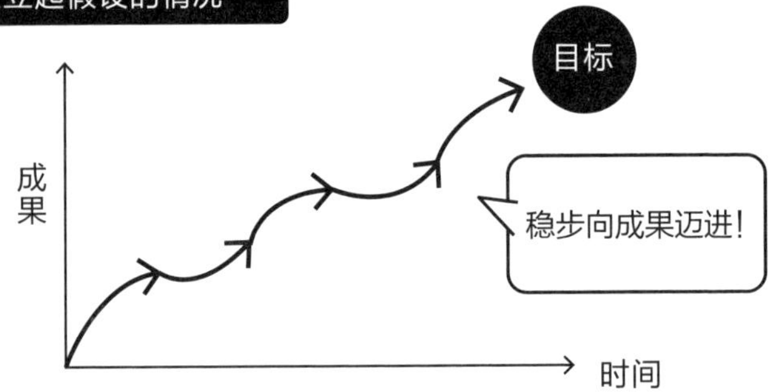

关键在于从一开始就迅速地建立起假设

02

虚心向身边的行家求教

最小化思考法最初“建立假设”的阶段十分关键。如果能够通过“假设”让客户眼前一亮，可以说工作就已经完成了一半。哪怕只是在匆忙间草草建立起假设然后再开始工作，也比没有任何假设就直接开始工作要强得多。

但是，如果建立的假设完全错误，那就要花费大量的时间对轨道进行修正，反而影响工作的品质和效率。因此，在建立假设的时候应该尽可能建立起准确的假设。

掌握最小化思考法的管理顾问，每天都会进行建立假设的训练，并且已经养成了建立假设的习惯，所以他们能够根据自己的经验和直觉建立起准确度较高的假设。虽然每个人都希望自己也能够自然而然地建立起准确的假设，但在还没有熟练掌握建立假设的技术时，要想做到这一点并非易事。

当然，大家也不用担心，因为谁都不可能一开始就做得很好。

那么，怎样才能建立起准确度较高的假设呢？

回答这个问题的关键在于“信息收集力”和“编辑力”。要想提高工作的品质，这两种能力必不可少。

重视现场的第一手信息

首先从信息收集力开始说明。

在收集信息的时候，除了互联网信息以及书籍和白皮书上的信息之外，还需要与公司内部人员、客户以及其他相关者进行沟通交流，收集现场的第一手信息。所谓第一手信息，就是亲自获取的信息。

在收集第一手信息的时候，无意中听到和看到的信息以及自己的直觉尤为重要。因为我们需要的不是那种任何人都能够获取的大众信息，而是顾客在现场无意中透露出来的真正有用的信息。接下来就需要根据自己的直觉来判断这样做是否可行。

此外，要想获得真正有用的信息还有一个办法，那就是向自己身边的行家请教。

有人对汽车行业十分熟悉，有人对餐饮行业了如指掌，有人专门研究经济指标，有人是人才领域的专家，通过与这些经验丰富的行家交流，你可以获得非常宝贵的经验。

你的上司和前辈中，一定有知识和经验比你更丰富的人。你可以借助这些上司和前辈的智慧。当然，不只限于公司内部，灵活利用公司之外的网络资源也十分重要。

假设你现在参与了一个“利用互联网进行促销活动”的项

目，如果你对互联网的了解十分匮乏，那就可以通过网络寻找对此比较熟悉的人，向他们征求建议。这样不但可以防止你建立起错误的假设，还可以帮助你找到建立假设的正确方向。与自己闷头思考相比，这样可以更有效率地建立起高准确度的假设。

不过，在征求建议的时候有一点必须注意。

那就是一定要先建立起自己的假设，比如“我有一个这样的想法，您觉得怎么样”。如果对方是潜在的客户，可以询问“如果有这样一项商品或服务，您会使用吗”，或者直接询问“我有一个这样的假设，您觉得怎么样”。通过这样的询问，你能够获得很多反馈信息，然后根据这些信息对假设进行验证。

如果你想要获得建议，那首先要有一个最为基础的假设。比如你的假设是“开发以中年男性商务人士为顾客群体的甜品是否会有市场”，那么就可以建立一个用来验证这个假设的“提问列表”。

在建立“提问列表”的时候按照“5W1H”（When、Where、Who、What、Why、How）的方法，可以防止出现遗漏。比如中年男性“在什么时候吃甜品”“在什么地方吃甜品”“和谁一起吃甜品”“吃什么样的甜品”“为什么不喜欢吃甜品”等。

只要根据假设提出10个左右的问题，就可以在30分钟的时间内进行有效的问询调查。通过提问激发出被询问对象的灵感，从而获得优秀的创意和反馈。掌握最小化思考法的人，都知道如何根据假设来建立“提问列表”，从行家那里获得真知灼见。

提问列表的例子

假设

开发以中年男性商务人士为顾客群体的甜品是否会有市场

When

- ✓ 什么时候吃甜品?
- ✓ 什么时候想吃甜品?

Where

- ✓ 在什么地方吃甜品?

Who

- ✓ 和谁一起吃甜品?

What

- ✓ 吃什么样的甜品?

Why

- ✓ 为什么要吃甜品?
- ✓ 为什么不喜欢吃甜品?

How

- ✓ 怎样吃甜品?

03

找出“性感”的突破口

要想建立起准确度较高的假设，编辑力也很重要。

当今世界，产品和服务可以说都已经全部出现。想思考出完全新颖的创意或者开发出崭新的商品几乎是不可能的。就像智能手机只不过是将电话、照相机、音乐播放器等商品组合在了一起，绝大多数的热门商品几乎都是将已有的创意和信息组合起来而已。

也就是说，在大量的信息之中，挑选出特定的信息并且对其进行重新排列组合的编辑力十分重要。换句话说，这也是发现新的突破口和视角的能力。

编辑力的高低直接关系到最终成果物的好坏。通过对信息进行有效的编辑，可以提出前所未有的具有划时代意义的创意和解决方案，从而给客户创造极高的价值。

在麦肯锡，会用“性感”来形容那些信息编辑力较高的最终成果物。这里所说的“性感”，指的是“具有吸引力”“让人眼前一亮”。

比如最近在书店的商业书籍区有很多漫画版商业书籍，其中甚至不乏畅销书。现在漫画版的商业书籍可以说是司空见惯。虽然以前人们对“漫画=娱乐”的认知根深蒂固，但对于忙碌的商务人士来说，漫画版商业书籍具有非常大的价值，既能欣赏漫画，又能学习知识。与文字版的书籍相比，漫画可以通过视觉对信息进行更加有效的处理，所以通过漫画来快速理解知识对于商务人士来说就具有价值。

从这个突破口对漫画重新进行审视，就会发现“商业书籍×漫画”这一新领域，这也可以说是漫画版商业书籍大卖的秘诀吧。

现在一家名为“快餐！牛排！”的牛排店大受欢迎，因为这家店将牛排这个在特别的时候慢慢享用的高级食物，根据“以快餐的低廉价格享用高品质的美味食物”这一突破口对信息进行了重新编辑，所以才如此火爆。

在对新型列车进行开发的时候，如果依然沿用传统的行驶速度、座位数、舒适度等要素，只将列车作为单纯的移动手段来进行思考的话，就称不上“性感”。而如果能够从“用搭乘列车的体验本身来抓住乘客的心”的角度来对信息进行编辑的话，则很有可能提出“性感”的创意。

近年来，出现了内饰如同高级宾馆一样的观光列车和设置有足浴空间的新干线，吸引了许多乘客。这些列车之所以大受好评，原因就在于在传统列车的基础之上又新增了“体验”这一要素。如果只停留在传统的“列车就是要将乘客快速、安全、舒适地送达目的地”这个观念上，就绝对无法提出这样的创意。

准确地设定矩阵的轴是决定成败的关键

要想提出“性感”的创意，关键在于准确地设定矩阵的轴。换句话说，就是以怎样的突破口来获取信息。

“重要度”与“紧急度”的矩阵想必大家都十分熟悉了吧，被横轴与纵轴分割开的矩阵是帮助我们进行高品质思考的重要框架。

假设我们现在要开发一款新啤酒，那么关于啤酒的纵横轴可以列举出许多要素。价格、入喉感、容器（玻璃瓶、易拉罐等）、苦味、涩味等都是在对啤酒进行矩阵分割时常被选为纵横轴的要素。

假设我们建立的假设是“消费者除了价格、入喉感和味道之外，是否还追求‘舌触感’”，然后以啤酒的“舌触感”为轴。如果有关于舌触感决定啤酒的美味程度的根据和数据，那么“舌触感”就很有可能成为一个“性感”的轴。如果以“舌触感 × 苦味”或者“舌触感 × 涩味”为轴建立矩阵，就可以使自己的产品不同于其他公司的产品，从而实现差异化战略。

通过优秀的编辑力，找出在大量的信息之中应该以什么为轴制作矩阵，不但可以提高建立假设的准确度，甚至还可能改变最终成果物。

但是，不管设定了多么“性感”的轴，建立起多么独特的假设，如果没有证明其有效的根据，那么便无法对其进行利用。也就是说，支撑假设的事实和数据是必不可少的。从这个意义上来说，信息收集力是非常重要的能力。

矩阵的例子

■ 利用时间管理矩阵对To Do List进行检查

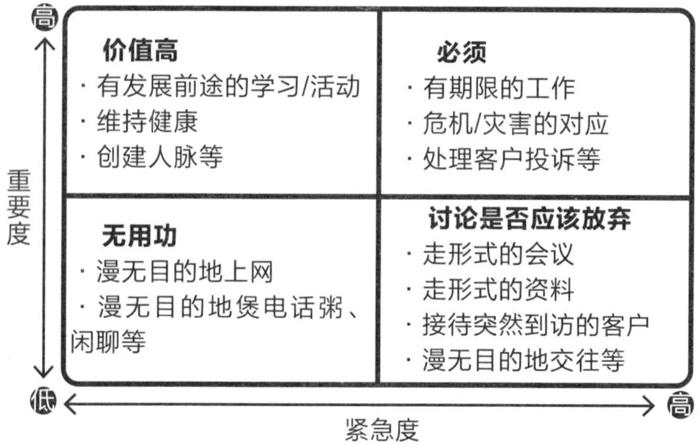

■ 啤酒的定位矩阵

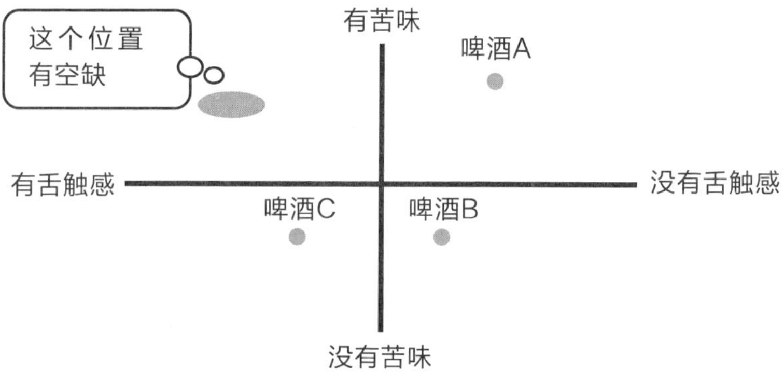

04

非线性思维提高工作效率

在前文中我为大家介绍了准确度较高的假设和“性感”的轴，那么要怎样做才能建立起这样的轴呢？用自己的头脑进行思考当然十分重要，但在自己没有掌握充足的基础知识和信息的情况下，任何人都很难想出优秀的创意。

现在世界上可以说没有绝对新颖的创意。任何看起来崭新的创意，都是将已经存在的创意重新排列组合、重新编辑之后的产物。就连iPhone这种打破传统开创新时代的创意，极端一点儿说也只是将个人电脑与电话的功能组合到一起而已。

既然如此，在工作中遇到问题的时候，只要将相关的信息全都综合起来就能够解决问题了吗？答案是否定的。虽然对相关信息进行收集十分重要，但收集起来的信息并不会直接变成准确度较高的假设或者“性感”的轴。

将获得的信息A和信息B简单地相加，并不能产生优秀的创意。因为创意并不是“1+1=2”这样简单的加法。

有时候，通过让大脑中的信息产生各种各样的有机反应，新获得的信息A或许会意外地与以前获得的信息C组合到一起，结果产生独特的创意。

用自己掌握的所有信息进行非线性思维

根据假设收集准确的信息，对收集到的信息进行理论分析，再将其与自己在过去的人生中掌握到的所有经验和知识以及自己的直觉组合起来，就可以得出最佳的答案。有时候，将两个点连接起来形成一条线，创意就会自然而然地产生。这就是“非线性思维”。

大前研一先生曾经这样评价非线性思维的重要性：“（非线性思维）是能够将冷静的分析与人类的经验和直觉以及思考力进行最有效组合的思考形态，是不管面对怎样困难的局面，都能够凭借人类的力量找出最佳答案的方法。”

因此，建立准确度较高的假设和“性感”的轴的技巧之一，就是“不拘泥于眼前的工作，要将自己在日常生活和工作中获得的各种信息与经验全都积累起来”。虽然乍看上去这样做有些舍近求远，但实际上这却是最近的路径。

掌握最小化思考法的人，绝不会盲目地只追求工作上的效率。在优秀的管理顾问之中，有不少人都热爱文学和艺术，还有的人经常阅读哲学以及与科学相关的书籍。他们从这些领域能够学到很多在工作中也同样适用的人生经验。也就是说，正因为他们积累了各种各样的知识和经验，所以才能够在工作中取得成果。

在日常生活中就要经常使自己接触最本质的信息，这样可以切实地提高你的思考力。

要想建立准确度较高的假设和“性感”的轴，还有一个十分有效的方法，那就是前文中提到过的“向行家请教”。

如果你在思考一个问题，最简单的办法就是向这个领域的专家请教。行家拥有普通人所不知道的信息，以及与众不同的视角。如果你能够得到这样的专家的帮助，就可以轻而易举地建立准确度较高的假设和“性感”的轴。

05

绝不要轻信网络上的信息

建立准确度较高的假设和“性感”的轴，可以提高工作的品质。曾经有一位管理顾问前辈需要为客户解决提高进口食材销量的问题。这个市场的整体趋势是进口食材不如国产食材受欢迎，所以进口食材的销量一直不怎么好。

这位前辈为了找出问题的原因与解决方案，走遍全国的超市和食品店，对这款食材的消费趋势进行调查。

经过调查之后发现，在不同的地区，这款食材畅销的部位与切割的方法也各不相同。也就是说，因为不同地区经常食用的料理种类和料理方法各不相同，所以针对不同的销售地区改变食材的部位与形状尤为关键。

具体来说就是，“在A县，用来做火锅的薄片销量很好”，“在B县，用来做烧烤的小方块销量很好”，销量好的产品有明确的差异。

因此他建立了这样的假设："针对不同的地区选择适合当地需求的食材部位与切割方法。"

对于认为食材的销量只取决于产地和价格的进口公司来说，"部位与切割方法会对食材的销量产生影响"这种思考方法完全是一个崭新的视角。但实际上，这位前辈的假设十分准确。尽管这款食材是由海外进口的，但在采取了新的销售方法之后，却取得了很好的销量，几乎与国产食材的销量一样。

像这样建立起准确度较高的假设，不但能够提高工作的效率，还会极大地影响工作的品质和成果。为了建立起准确度较高的假设，通过现场调查对信息进行收集十分重要。

准确度较高的假设诞生于第一手信息

当上司对你说"请去收集信息"的时候，首先应该采取什么行动呢？

或许很多人首先想到的都是通过互联网进行收集吧。

比如想对啤酒市场的数据进行收集，常见的办法是打开网页，然后输入"啤酒市场销量情况"等关键词来检索自己想要的信息。如果运气好找到了合适的啤酒市场的数据，就将这一数据作为资料采用。

但是，掌握最小化思考法的人不会将从互联网上获取的数据直接放进资料里面，而是先对从互联网上获取的信息进行"So What"（这说明了什么情况）的思考。尽管互联网上的信息并非全都没有价值，但因为这些信息属于任何人都能够轻易获取的信息，所以价值很低。关键在于，从这些信息之中能够获得什么样的意见和见解，或者能够导出怎样的假设。

比如在看到无醇啤酒的市场数据之后发现“无醇啤酒的销量提高了”这一信息，但这条信息的价值很低，而通过“So What”对其进行分析，并且导出“无醇啤酒的销量提高，是因为把握住了对酒精敏感的女性群体的需求”的假设之后，“无醇啤酒的销量提高了”这条信息才算是具有了价值。

那么，在对信息进行收集的时候，应该怎么做才好呢？

关键在于尽可能地把握第一手信息。所谓第一手信息，就是自己亲眼见到、亲耳听到、亲自体验到、亲手获得的现场信息。

而二手信息则是从别人那里听说、从报纸或者书籍上获得、从电视上看到、在互联网上获得的等间接获得的信息。

尽管在二手信息之中也有有价值的信息，但那些毕竟都是经过第三者过滤之后的信息。因为二手信息是在原有信息的基础上经过加工和编辑之后的产物，所以对信息的解释不一定准确。极端点儿说，甚至有被对信息进行编辑的第三者歪曲的可能性。

我在麦肯锡工作的时候，时任日本分社社长的大前研一先生就曾经说过这样一句话：“绝对不要轻信报纸上所写的内容。”

“绝对不要轻信报纸上所写的内容”

很多人都认为报纸上所写的信息可信度极高，但实际上报纸上的内容也只不过是经过记者的过滤之后提取出来的信息。因此，如果在报纸上看到有用的内容，最好的办法就是与这条信息的来源进行直接的接触。为了找出解决问题的办法，必须在现场进行彻底的调查。

假设某汽车销售店出现销量下降的问题，于是对100多名用户进行了走访调查。

“为什么在那家销售店买车？”

“买车的时候最重视的问题是什么？”

通过提出类似这样的问题，对销量下降的原因进行彻底的调查，也就是对现场究竟发生了什么进行确认。

像汽车这样的高价商品，一直以来业界都认为“销售人员与顾客之间的关系十分重要”。销售人员是否定期去拜访客户、与客户保持联系，是决定销量的关键因素。

但是，在对用户进行了调查之后，店方却获得了一个意外的发现，那就是很多用户都表现出“愿意在离家近的销售店买车”的趋势，而销售人员与顾客之间的关系实际上对销量的影响并不大。在此基础上就可以建立起十分有趣的假设。

比如，根据上述的调查结果，可以建立起一个假设：“像便利店那样在一个区域开设大量的汽车销售店”。这样一来，这家汽车销售店的销量或许会得到大幅度的提高。

收集信息要去现场而不能依赖网络

调查的主要对象是购买了商品和服务的顾客。销售负责人自不必说，开发和市场部门的负责人也可以通过多与顾客进行直接接触，建立起准确度较高的假设。

或许有人会说“要想对顾客进行调查十分困难”，但实际上并非如此。因为这完全是可以靠自身的行动来实现的事情。比如亲自前往自己公司提供商品或服务的现场，对顾客的情况进行观察，或者主动与顾客交流，询问其对商品和服务的印象。只要对15个人进行调查，就可以获得相当有价值的信息。一个经验丰富的管理顾问在进行调查的时候首先会找15～16名顾客进行询问，从而获得宝贵的第一手信息。

另外，亲自去体验一下竞争对手的商品或服务，往往也会有新的发现。

说起信息收集，很多人首先想到的都是互联网。当然，将互联网作为收集信息的工具也没什么坏处，但关键在于不能对互联网上的信息不加思考地全部接受，而应该以互联网上的信息作为线索，导出自己的假设和见解。

“亲临现场”可以使你掌握第一手信息。要想建立起准确度较高的假设，就必须去现场亲眼看一看、亲耳听一听。信息是必须由自己亲手“创造”的。当然，这里指的不是捏造信息，而是指亲临现场去收集第一手信息。

掌握最小化思考法的人，会将互联网上的信息作为建立假设的线索。他们为了找出建立假设的突破口，首先会通过互联网进行深度检索。在对大量的关键词进行检索之后，他们会整理出大约30页的资料，然后迅速地查阅，其中甚至还包括英语文献。通过这样一番检索，就可以找出建立假设的突破口。

在利用互联网收集信息的时候，时刻在大脑里保持“事实真的如此吗”“这件事可以这样理解吗”“如果是我的话应该这样理解”的思考十分重要。这样做可以提高你建立假设的准确度。

06

放空思想，从零思考，建立正确的假设

没有假设也就意味着没有视角和突破口。

要想找出客户存在的问题，需要对用户进行问卷调查，但是如果没有建立起假设的话，那就连问卷调查表上应该提出什么问题都不知道。如果只在调查表上写“请随便提点儿意见”这一行字，那么要想找出真正的问题不但需要花费大量的时间，还会给接受调查的用户带来困扰。

先建立起假设之后再收集信息，自然就会知道应该收集哪些资料和应该提出哪些问题。

比如针对某个销量不佳的商品，提出“既然在城市销量不佳，那在乡村销售是否会好一些”的假设，然后就可以根据这个假设来收集信息。比如将自己公司与竞争对手的商品在城市和乡村的市场占有率进行对比，以及对乡村的消费者进行问卷调查等。

但是，为了验证假设而进行询问和问卷调查的时候，有一点必须注意，那就是绝对不能采取“诱导询问”的做法。

虽然建立假设是让工作顺利进行的前提条件，但如果在对假设进行验证的时候仍然对自己的假设深信不疑，那就容易只提出对自己的假设有利的问题。总之，绝对不能被自己建立的假设限制了思考。

比如你建立了“问题出在经营战略上”的假设，那么在对假设进行验证时，提出的问题就很容易只集中在经营战略上。

掌握最小化思考法的人，即便建立了假设也仍然会对其他的可能性进行分析。

如果为了追求工作的效率，坚持认为“这一定是正确的答案”，就很有可能会错过其他重要的信息。而掌握最小化思考法的人则会对所有的可能性进行分析，找出最重要的假设。

或许真正的问题并不出在经营战略上，而是存在于商品本身或者是人事组织的问题。

虽然假设可以给自己的思考限定一个范围，但并不意味着将思考范围之外的要素完全排除。在最初的阶段，即便建立起了假设，也不应该将所有的意见和信息都排除掉。在没有一定程度的确定之前，最好不要固执地只集中在一点。也就是说，要在各个要素之间找好平衡。

尽管假设很重要，但也不能对假设过于执着。自己建立的假设不一定会百分之百的准确，事实上，在绝大多数情况下，假设都不是全部正确的。就算假设的大方向没有错，在细节上需要进行轨道修正的情况也十分常见。

建立假设的初衷，是为了提高工作的品质和效率。当然，能建立起一个准确度较高的假设肯定是最好的，但要想从一开始就找到正确的答案绝非易事。所以在对假设进行分析和验证的过程中，对轨道进行修正是很常见的情况。

因此，绝对不能强行证明假设是正确的。如果只从对自己有利的角度解释信息，歪曲验证的结果，那肯定无法取得理想的成果。

建立假设没有错，但不要从一开始就被假设限制了思路。

回到“原点”

在开展工作的时候，坚持回到“原点”，从零开始进行思考的方法十分重要。只有不被常识和经验束缚，才能发现真正的问题与真正的解决办法。我将之称为“从零开始”。

所谓“从零开始”，就是不管面对任何事情都首先要思考“真的是这样吗”。

掌握最小化思考法的人，绝不会因为某件事是行业普遍存在的现象，就对其深信不疑。他们首先会找出前提条件，然后对这个前提条件进行判断。“从零开始”也可以说是最单纯的思考方法。

比如在对零食进行商品开发的时候，很容易将目标顾客群体限定在儿童身上。如果在这种情况下能够产生“难道只有儿童才买零食吗”的想法，那就可能会衍生出面向成年人的零食创意。

在对甜品进行商品开发的时候也是如此，如果能够产生“难道只有女性才喜欢吃甜品吗”的想法，或许会衍生出“帮助中年男性商务人士缓解大脑疲劳的甜品”这样的创意。

在建立假设的时候，尤其是在最开始的阶段，如果不能利用“从零开始”的思考方法找出“真正的问题是什么”，那就很容易出现错误。

假设与深信不疑是完全不同的两个概念。

假设，就是一个临时的答案。如果发现了其他更加合适的答案，那就必须对之前的假设进行轨道修正，或者干脆将其替换为其他的假设。

掌握最小化思考法的人，绝不会对自己的假设深信不疑，而是会对所有的情况都进行分析，找出最准确的假设。只有这样，才能够保证工作的品质和效率。

07

假设归纳为一句话，更利于开展工作

建立假设，就是提出优秀的问题。通过提问的形式，可以使人自然而然地进行思考，得出答案。

如果你建立的是“应该进军印度市场”的假设，那么注意力就都集中在“应该”上，很容易只搜索对此有利的信息。但是如果你将假设变成“是否应该进军印度市场”的提问形式，自然就会对这一假设进行验证了。

运动员通过反复的练习使自己能够条件反射般地发挥出最佳状态。与之相同，我们也可以通过在建立假设时思考“事实真的如此吗”，养成建立假设后立即进行验证的习惯。这样一来，你的大脑就会自动地对假设进行验证。掌握最小化思考法的人，都拥有这种对假设进行自动验证的习惯。

在建立假设的时候最好能够将之整理为具体的文章。

比如，与“为了提高销量应该怎么做”相比，“有没有能够吸引老年夫妇购买的新商品创意”内容更加明确，对于应该收集哪些信息进行分析一目了然。如果提出的问题过于抽象，说明你对假设没有进行认真的思考。所以在建立假设的时候，最好通过Who、What、When、Where、Why、How来将假设整理成具体的文章。

另外，掌握最小化思考法的人还会贯彻“一句话”的形式。

虽然假设应该尽量具体一些，但如果假设变成长篇大论的文章那就有问题了。因为如果内容太长的话，会让假设的核心内容变得不够明确。所以最好能够将假设整理成一句话，这样假设的要点才足够清晰。

将假设整理成一句话还有一个好处，那就是可以让大脑条件反射般地开始思考问题的答案。而那些过长的文章很难清楚地保留在脑海里，大脑也就难以立刻开始思考答案。

像“是否应该提高A商品在网络上的份额”“是否应该在乡村销售B商品”“是否应该提高C商品的价格，走高端路线”这样具体而且有冲击力的假设，很容易激发大脑开始条件反射般地思考。

在日常生活中养成建立假设的习惯

能够建立起准确度较高的假设的人，平时就拥有自己建立假设的习惯。即便在逛街或者看报纸的时候，他们也会思考“为什么会出现这种现象”，然后建立假设。

比如，在报纸上看到“面向男性顾客群体的甜品大受欢迎”

这条新闻，他们绝不会看完就扔到一旁，而是会开始思考“这篇新闻说大受欢迎有什么依据吗”或者“为什么会大受欢迎”。

随后，他们会按照“是因为在竞争激烈的社会中渴望爱情吗→因为渴望爱情所以才喜欢吃甜品吗”的顺序建立假设。

对于流行的商品和店铺，他们会思考“为什么这件商品卖得好”“为什么这家店铺门前总是排队”；对于社会现象，他们会思考“为什么会出现这种现象”。总之，就是在日常生活中经常建立假设并对其进行验证。

在这个时候，能够立刻找到所需信息的互联网就派上用场了。可以通过互联网检索对自己的假设进行验证，也可以通过与身边的人交流来进行验证。如果经过验证之后觉得自己的假设是正确的，还可以通过博客等自媒体将信息发表出来。掌握最小化思考法的人，都能够灵活地利用互联网。

08

思考要有“边框”

在前文中我为大家讲解了建立假设的技术的重要性，或许会有读者在看完这些内容之后觉得“建立假设好难啊”。

掌握最小化思考法的人，能够在一开始就准确地判断“或许这就是问题所在”或者“这样或许能够解决问题”，并且建立假设。

假设建立得越早，对假设进行验证的循环过程就越快，从而提高工作的品质。事实上，有一种工具可以提高建立假设的速度。

这种工具就是框架。

所谓框架，就是思考的边框。将思考放进边框里，表面上好像剥夺了思考的自由，但实际上如果没有边框的存在，往往会使人不知道应该如何思考。

前文中提到的“空”（事实）→“雨”（解释）→“伞”

（行动）就是一种框架。

如果有人对你说“请自由思考”，那你或许会不知道应该从什么地方开始思考。但如果有“事实是什么”→“对事实应该进行怎样的解释”→“应该采取什么行动解决问题”这样一个思考的流程，就可以避免出现不知如何是好的盲目思考的状态。

框架可以使我们的思考力变得更加灵活，与自由思考相比，利用框架进行思考更容易使我们发现新的创意，提高思考的效率。从结果上来说，这也能够使我们的工作安排更加有效率。掌握最小化思考法的人，都知道如何利用框架来消除工作中的无用功。

比如，上司对你说“请想出一个新的酒产品企划”，那么你就只能漫无目的地进行思考；如果上司说“请想出一个年轻女性喜欢的啤酒产品企划”，那么你肯定能想出具体的创意来。

也就是说，“边框”并不会夺走思考的自由，反而让思考变得更加自由。

能够灵活利用框架的人和不能灵活利用框架的人，在工作上表现出来的效率差异，用天壤之别来形容也不为过。

90%的问题都可以用现有的框架来应对

使用框架，在给思考制定边框的同时，也扩大了思考的范围。使用框架能够使你发觉平时完全想不到的内容，从而防止思考出现遗漏。

当然，框架并不是管理顾问的专用工具，而是所有行业的人都可以使用的工具。

除了企划、开发之类的创意性工作之外，从事销售和事务性工作的人也可以使用框架来提高自己的工作效率。

在各行各业的诸多商业活动之中都有被经常用到的框架，这些都是框架的各种形式。

框架并没有“必须这样做才行”的规定。那些广为人知的框架，都是因为具有很强的泛用性才经常被人们使用。另外，针对自己所处的行业来创建适合自己工作的框架，还可以更进一步地提升工作的品质和效率。

当然，要想自己创建框架需要非常丰富的经验和技巧。不过90%的问题都可以用现有的框架来应对。

除了前文介绍过的“空・雨・伞”之外，在后文还将提到“3C”“流程”“商业系统”“逻辑树”等几个具有代表性的框架，有兴趣的读者请一定不要错过。

第三章

从大局需要设计工作流程

全力以赴地完成眼前的工作并没有错。但如果在对整体的情况没有一个准确把握的情况下，只顾着一个劲儿地埋头苦干，反而会影响工作的效率。

01

把握成果，工作安排勿要盲人摸象

为了取得价值较高的成果，根据假设对整体的工作进行安排的行为被称为“整体设计”。在最初的阶段就明确实现目标必须做的事情，可以使工作得以顺利地开展。

不会进行整体设计的人，在开始工作的时候根本没有任何的目的性，在工作的过程中也不知道自己处于整体中的哪个阶段，更不知道自己现在的位置距最终目标还有多远，所以很容易陷入“到了期限但工作还没做完”的困境。

有这样一则寓言故事：几个盲人一起旅行，一个庞然大物挡住了去路，如果不把这个东西挪走便无法继续前进。于是这几个盲人分别摸了摸这个挡路的东西，并且说出了自己的判断。

摸到大象腿的人说：“这是一棵大树。”

摸到大象耳朵的人说：“这是一把扇子。”

摸到大象身体的人说：“这是一面墙。”

摸到大象尾巴的人说：“这是一根绳子。”

摸到大象牙齿的人说：“这是一个烟斗。”

摸到大象鼻子的人说：“这是一条蛇。”

但事实上，这是一头大象。如果这些盲人只按照自己的理解去思考解决办法，就永远也无法把大象挪走。认为那是一条蛇的人，或许会找一个耍蛇人来。但耍蛇人并不能把大象挪走，所以这种方法是错误的。只有找一个驯象师来才是最好的解决方法。

国王在听说了这件事之后说道：“你们说的都没错。但你们之所以没有正确地认识到那是一头大象，是因为你们只摸到了大象的一部分。而大象具备你们说的所有特征。”也就是说，自己眼前所见的内容，往往只是整体的一部分而已。

正如这个寓言故事告诉我们的那样，如果不能从一开始就准确地把握“大象”的整体情况，就无法准确地把握眼前的情况。同样，要想实现某种目标，必须在一开始就把握整体的情况，创建一个设计图，这样你才能知道哪些工作是必须做的，哪些工作是不需要做的。

建筑师在开始建造之前都要先制作一个设计图。没有设计图的话，建筑师无从知晓最后究竟会建造出一个什么样的东西，也不知道应该从哪项工作开始。也就是说，建筑师之所以能够按照计划建造出建筑物，正是因为拥有设计图。

同样，掌握最小化思考法的人，能够根据最终成果物逆推出自己应该做的事情。因为他们在工作的开始阶段就对最终成果物有一个很明确的把握，并且清楚地描绘出了通向目标的流程（工程），所以不会出现“到了期限但工作还没做完”的问题。如果真的出现了可能导致工期延误的情况，他们也能够在事前把握这一情况，从而尽早采取调整工期等对策。

全力以赴地完成眼前的工作并没有错。但如果在对整体的情况没有一个准确把握的情况下，只顾着一个劲儿地埋头苦干，反而会影响工作的效率。只有知道自己现在的工作在整体之中处于怎样的位置，才能够对眼前工作的内容和重要度以及应该在上面花费多少时间有一个正确的认识，从而提高工作的效率。

要想顺利地进行工作安排，把握整体的设计图是必不可少的。

在设计图上，必须包括“假设”“最终成果物”以及为了取得最终成果物所必需的所有作业。通过描绘出这样一张整体的设计图，就可以时刻把握自己现在所处的位置，从而顺利地对工作进行安排。

利用生产进度表使作业可视化

进行整体设计的方法多种多样，其中最具代表性的工具就是“生产进度表”。所谓生产进度表，就是对时间和作业进展情况进行管理的图表，用棒状图来表示作业从开始到结束的过程，使其可视化。通过生产进度表不但可以把握作业的预定情况，还可以通过对实际进展情况进行实时的记录来对作业进行管理。

假设某项工作大致上可以分为“信息收集”“信息分析”“制作最终成果物”几项作业，那么就可以将各个作业的期限都记录在生产进度表上。

将作业内容可视化，不但能够使必须做的作业与期限一目了然，还可以使我们把握自己现在正处于哪个阶段。

事实上，在进行整体设计的时候，重要的并不是使用哪种工具。即便我们没有使用生产进度表，用Excel制作一个时间表也可以，将必须做的事情列举出来也没问题。总之，那些善于工作的优秀人才，都会选择适合自己的方法来把握工作的整体情况。

在制作设计图的时候关键在于以下四点：

①将必须做的作业一个不漏地全都网罗进来；

②决定作业的期限；

③让设计图上的内容一目了然；

④将最终成果物明确地表示出来。

只有具备了以上所有的条件，我们才能够把握工作的整体情况，根据最终成果物来进行逆推。

02

整体设计图要一目了然

很多人都会将每天应该做的事情写出来并做一个To Do List。但是，如果没有把握工作的整体情况，那么在工作中还是有可能出现遗漏或者延迟。毕竟健忘是现代商务人士的通病。

对日常工作进行安排的时候，关键在于不要只思考今天一天的工作，而是要将今天放在整体的时间表里进行思考。

就算做了To Do List，如果总是忙于眼前的工作，那就无法从整体上对工作进行把握，最终也会落得一个时间即将结束工作却来不及做完的结果。

为了使整体设计图能够一目了然，关键在于将其总结在一张纸上。

也就是在一张纸上将所有的作业项目、最终成果物，一览无余地总结在一起（关于找出作业项目的方法将在后文中详述）。

根据整体设计对工作进行安排，就可以同时应对多项任务。绝大多数的工作都不是那种只需要将力量集中于一项工作之上就能完成的单项任务，而是非常复杂的多项任务，需要同时进行多项工作。

因此，在整体设计图上不能只有一项工作，而是需要将其他工作也全都考虑进来，这样可以同时把握多个项目，从而更加合理地对工作进行计划和安排（参考第82～83页图）。

每天在开始工作之前都先通过这张设计图来把握工作的整体情况，挑出今天应该做的工作，找出最消耗时间的工作。然后以这些作业为中心从紧急度最高的工作开始逐一开工，临近期限的工作要最优先完成。

尽管以一天为单位制作To Do List很重要，但以整体设计图为基础，在把握工作整体时间表的前提下制作To Do List更加重要。在制作To Do List的时候，漫不经心地想到哪些就做哪些是绝对不行的。

而且，在明确了今天应该做的工作之后，就应该把力量都集中在这项工作上。

要想提高工作的品质和效率，关键在于把注意力都集中在正在进行的工作上。如果在做一项工作的时候脑袋里还想着别的工作，就会导致注意力不集中，从而影响工作的品质和效率。

掌握最小化思考法的人在制作完To Do List之后，就会立刻将注意力都集中在眼前的工作上。

整体设计图要一目了然

很多人都习惯将需要做的工作和安排写在笔记本上，但我并不赞同这种方法。正如前文提到过的那样，在对工作进行安排时，制作整体设计图以把握整体情况十分关键。

如果将整体设计图分成好几页，那么在视觉上就很难对整体情况进行把握。最理想的情况是能够让从开始到结束的全部情况都一目了然。

从这一点上来说，笔记本因为受自身尺寸的限制，所以很难做到一目了然。虽然大尺寸的笔记本可以解决这个问题，但尺寸太大的笔记本又存在不便于携带的问题。

我一般只用笔记本对商谈、会议等预约情况进行时间表管理，以及将本周要做的事情列举出来。至于整体设计图，我则不会用笔记本来制作。

利用整体设计图使必须做的作业可视化

项目	作业	负责人	最终成果物	2017/2/10–2/16							
				10	11	12	13	14	15	16	
				周五	周六	周日	周一	周二	周三	周四	
A商品 销售项目	信息收集	山田	报告资料								
B商品 销售战略立案	竞争对手分析	山田	企划书								
C商品 全国促销活动	店铺巡回	山田	15件成交								
新商品 企划书制作	信息收集	山田	企划书								

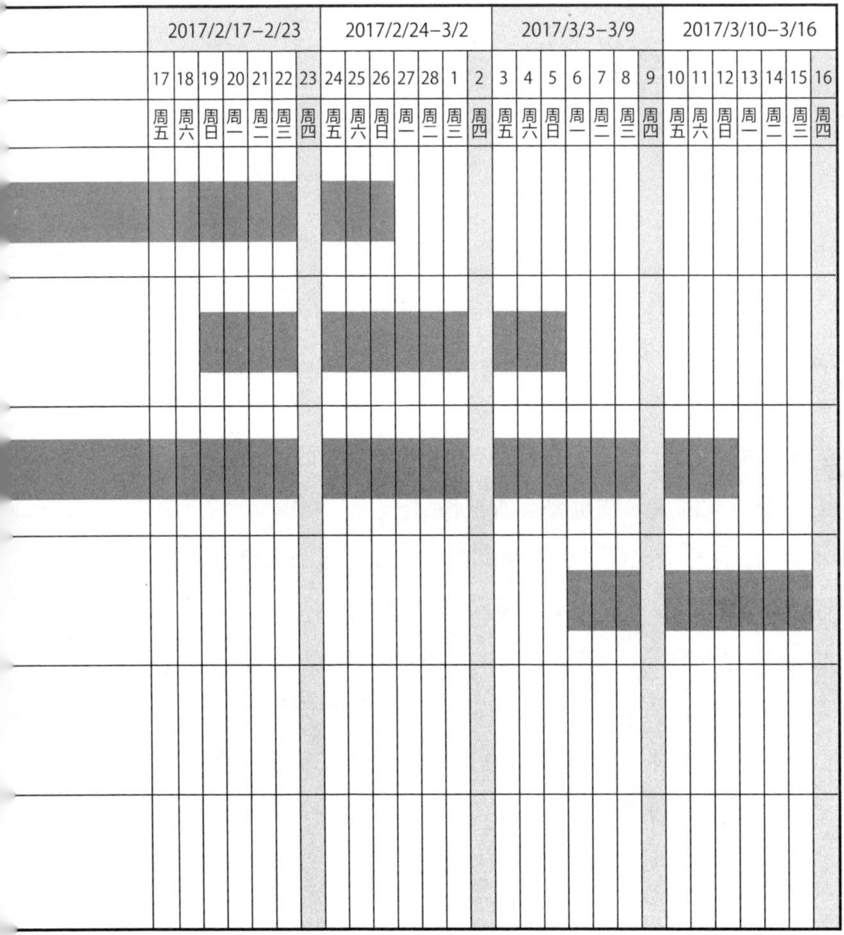
2017/2/17–2/23
2017/2/24–3/2
2017/3/3–3/9
2017/3/10–3/16
17 18 19 20 21 22 23 24 25 26 27 28 1 2 3 4 5 6 7 8 9 10 11 12 13 14 15 16
周五 周六 周日 周一 周二 周三 周四 周五 周六 周日 周一 周二 周三 周四 周五 周六 周日 周一 周二 周三 周四 周五 周六 周日 周一 周二 周三 周四

03

注意整体流程中的关键点

在进行整体设计的时候，除了要意识到最终的价值之外，对流程中各个阶段的成果物也要有所把握。

比如，销售负责人为了创造出“提高销量”这一最终的价值，需要经过好几个阶段。首先要与客户预约见面的时间，然后是与客户当面商谈、推销，最后成交，这样才能使销量得到提高。

而要想实现最终的目标“提高销量”，在整个流程中的各个阶段都必须取得成果才行。也就是说，要想创造出最终的价值，需要在之前的各个阶段都创造出价值。我将之前各个阶段中的价值称为“副价值”。正是因为副价值的不断累积，才能够获得最终的价值。

假设在与客户预约见面时间这一阶段的副价值是“与10家公司预约好见面的时间”，那么如果不能达到这个目标，就无法获取

“提高销量”这一最终的价值。在这种情况下，就应该将“与10家公司预约好见面的时间”作为“检查点”，并且在工作中也要时刻意识到“检查点”才行。

让我们再来看看另外的情况。比如你为了解决某个问题而建立了假设，然后为了检验这个假设是否正确而思考整体设计。

一般情况下，我们都应该按照“建立假设”→“信息收集”→“分析”→“解释”→“验证假设”的过程来对假设进行验证。在这个过程中，每个阶段都应该产生一些成果。比如“信息收集”阶段，收集到的信息就是成果。

但是，这个成果有时候却并不充分。

比如，收集到的信息遗漏了关键的部分，或者收集到的是完全错误的信息，再或者收集到的只是一些众所周知的低价值信息……那么在这种情况下，即便对这些信息进行分析并且做出了解释，也无法对假设进行准确的验证。最坏的情况甚至可能是根据错误的信息对假设的正确与否做出了错误的判断。

要想获取最终的价值，必须给整体设计中各个阶段的成果都设定一定的基准。所谓一定的基准，就是在经过各个阶段的作业之后所应该取得的成果，也就是副价值。这个基准是必须达成的。

这个基准也可以说是为了获取最终的价值必不可少的“关键点”。

以“信息收集”为例，这一阶段的关键点就应该是“能够证明假设的信息”“鲜为人知的稀有信息”“全面地、没有遗漏地收集信息”“颠覆常识和前提条件的信息”“亲临现场获取的第一手信息”。

将副价值作为检查点

课题：如何提高下酒菜的销量?

阶段	副价值	实际情况
建立假设	·建立准确度较高的假设	·是否应该将30多岁的女性作为目标顾客群体
信息收集	·收集关键信息 ·全面地、没有遗漏地收集信息	·女性在饮酒时的平均消费、饮酒率、在家饮酒与在外饮酒的比率等 ·女性在饮酒时喜欢吃什么下酒菜 ·竞争对手的动向
分析	·通过收集到的信息找出竞争对手尚未染指的领域	·竞争对手还没有销售专门面向30多岁女性消费者的商品 ·30多岁的女性在饮酒时经常搭配奶酪
解释	·将假设更进一步具体化，找出方向性	·将30多岁的女性作为目标顾客群体，以奶酪为素材制作下酒菜
验证假设	·通过测试开发和模拟调查来对成功率进行验证	·进行测试开发和模拟调查

检查各个阶段的副价值

假设你建立了“为了提高下酒菜的销量，是否应该将30多岁的女性作为目标顾客群体”的假设，那么“女性的饮酒率越来越高”“在家饮酒的人越来越多”之类的信息固然很关键，但要是有“30多岁的女性在喝酒时经常将奶酪作为下酒菜”这样的关键信息，那么假设的说服力就会大幅提高。因为这个信息可以导出“将奶酪作为下酒菜销售”的创意。

另外，“竞争对手还没有销售专门面向30多岁女性消费者的商品”这一信息也是必不可少的。

没掌握最小化思考法的人，在工作的过程中往往意识不到关键点，所以经常会遭到上司的批评，比如“你漏掉了这些信息”“你提供的都是众人皆知的信息”。

在描绘整体设计图的时候，一定要意识到整体流程的各个阶段都有哪些关键点。也就是说，要知道各个阶段的作业结果应该获取怎样的副价值，并将这个副价值作为关键点来使用。

04

利用框架来保证工作的品质和效率

因为整体设计图上列出了所有应该做的工作，所以也可以将整体设计图看作是使工作顺利进行的To Do List。

而在制作To Do List的时候，最重要的一点就是不能出现遗漏。如果漏掉了必须做的重要工作，那么就很有可能使工作整体的品质下降。

在制作整体设计图和To Do List的时候，框架也能够发挥巨大的作用。

首先为大家介绍“3C”。

所谓“3C”，就是顾客（Customer）、竞争对手（Competitor）、公司（Company）这三个单词的首字母。这个框架的主要作用是明确自己公司处于怎样的经营环境之中，通过对现状进行分析，发现经营课题，提出战略。

如果上司让你调查一下智能手机行业的市场情况，你应该收集哪些信息呢?

与智能手机市场相关的信息可以说是数不胜数，如果没有一个明确的目的，不但不知应该从何处开始下手，还有可能在收集的过程中漏掉真正有用的信息，却收集了多余的其他信息。

在这种情况下，利用“3C”框架就可以对必不可少的信息进行整理，从而防止在收集信息的过程中出现遗漏。

顾客（Customer），包括智能手机行业整体的销量增长率和过去10年的销量趋势等信息。

竞争对手（Competitor），包括竞争对手的商品的销售数据。

公司（Company），包括自己公司的成长率和市场占有率等。

按照“3C”的框架对上述数据进行收集和分析，就可以保证没有遗漏，从而高效地取得成果。

综上所述，框架具有防止出现“那件事情忘记做啦！”等马虎情况的作用。

掌握最小化思考法的人，都十分善于利用框架。通过利用框架来进行思考，可以极大地提高思考的品质和效率。

只要使用框架就能取得“相应的成果”

在制作整体设计图的时候，框架也可以提高作业的效率。这也是提高工作安排能力的秘诀。

使用框架，就是对思考进行整理，也就是按照一定的“形式”来进行思考。

优秀的管理顾问能够根据多年积累下来的经验以及自己的直觉快速地做“这种情况，只要A、B、C、D这四项作业即可”之类的判断。因为他们全面地接受过使用框架的训练，并且在每天的工作中都在应用框架进行思考。框架思考甚至已经成为他们的一种习惯，可以条件反射般地应用自如。而没有掌握框架思考法的人，就没办法仅凭直觉找出应该做的工作，结果要么不知道应该做什么才好，要么毫无目的地埋头苦干，最终只会造成时间上的浪费。

只要将使用框架进行思考作为前提，就能够轻而易举地找出应该做的事情。因为有了框架这个边框的限制，应该在什么范围之内做哪些工作全都变得一目了然。

以“3C”的框架为例，在使用“3C”框架之后，只要集中在顾客（Customer）、竞争对手（Competitor）、公司（Company）这三个方面收集信息并且进行分析即可。

另外，在收集信息的时候，通过框架可以明确哪些是对自己有用的信息，然后将目标集中在有用的信息上进行收集，而除此之外的信息则都没有收集的必要。

也就是说，框架可以使你的工作更有效率，同时还可以防止你的思考出现遗漏，在一定程度上保证了工作的品质。

如果用一句话来概括，那就是“通过框架来描绘整体设计图，就一定能够取得‘相应的成果’”。

掌握最小化思考法的人，都知道如何利用框架来保证工作的品质与效率。

“3C”框架的事例

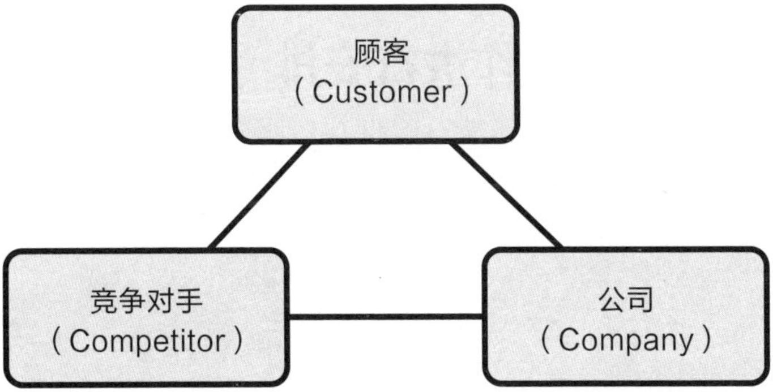

3C	作业内容
顾客	· 市场分析（规模、发展过程） · 顾客划分与需求分析 · 结构变化
竞争对手	· 竞争对手的市场占有率变化 · 是否可能出现替代服务/商品 · 竞争对手的强项/弱点 · 竞争对手的动向/战略
公司	· 市场占有率 · 品牌效应 · 利润率/成本结构 · 自己公司的强项/弱点

05

流程就是对工作进行安排

在用来把握整体流程的框架之中有一个被称为“工作系统”的框架，这也是掌握最小化思考法的人经常使用的框架之一。这个框架可以将事业按照功能分为必不可少的几个要素，然后将其总结为一个连续的流程。

比如，生产企业的商业系统就是按照“商品开发”→“制造”→“市场营销”→“物流”→“销售”→“店铺管理”的流程来开展商业活动的。

在解决问题的时候，要想找出关键点，就需要像前文提到过的那样将整个流程分成几个步骤，然后找出问题究竟出在什么地方并且加以解决。与对商业活动的整体情况进行分析相比，将整体流程分为几个步骤并逐一加以分析可以更加准确地找出问题所在，从而提高工作的品质与效率。

体育运动也是这样。如果你想提高自己打网球的水平，胡乱地挥拍或者把球乱打一气是不行的，必须将打网球的各个要素都组合起来，从创建一个整体的流程开始。比如按照“发球”→“奔跑”→“正手”→“反手”→“截击”→“下旋”的顺序将各种要素组合在一起。

不管你的正手和截击多么出色，如果发球不行，仍然难以战胜对手；同样，不管你的发球多么厉害，如果体力不行，无法长时间奔跑，也一样无法取得胜利。网球高手会将整个网球运动分解成各个要素，通过反复的练习来克服自己不擅长的，并加强自身的强项。

将一系列的流程分解为各个步骤，明确各个步骤中应该做的事情，这就是提高工作品质的秘诀。

我还想强调一点，“商业系统”是利用最小化思考法进行工作安排时必不可少的方法。

①明确最终的目标以及创造的价值；

②创建“流程”；

③根据“流程”将应该做的事情列举出来。

这里所说的“流程”就是“商业系统”。只要按照上述的步骤去做，就可以用最小的力量获得最大的成果。

通过工作安排，明确工作能够创造出哪些价值、想要实现什么目标，在工作推进的同时创造出价值，这也是工作安排的终极目标。

将商业活动的流程细分化

商业系统这个框架，在创建整体设计图的时候也能够派上用场。比如，在想要拓展或者维持客户的时候进行的工作安排可以细分为如下几个步骤：

把握顾客需求→预约见面→商谈→成交→售后服务。

接下来就可以将各个步骤中必须做的事情找出来。以“把握顾客需求”为例，只要是与顾客的动向和需求相关的调查都是必须做的事情。

像这样将工作的流程一一列举出来，可以防止工作中出现遗漏。

另外，通过将工作流程细分化，还能够找出需要重点处理的部分。

比如在“把握顾客需求”的阶段，如果能够意识到重点在于收集与顾客相关的信息，那就会想到“公司中的前辈拥有同类的顾客，可以向他们寻求建议”之类的办法。而在“商谈”的阶段，或许会想到“利用介绍其他公司事例的动画来对服务进行说明”。这些都能够提高工作的品质。

如果将上述步骤全都归纳成“销售活动”这项工作，那就很容易出现遗漏，导致工作品质下降。

因为商业系统列举出了工作的整体流程，所以其本质就是工作安排。哪怕只是将商业活动的流程细分化，也能够极大地提高工作安排的能力。

对于第一次做的工作可以随机写出应该做的事

在建立整体设计图的时候还有一个方法，那就是将应该做的事情随机地列举出来，然后将相关的作业归纳到一起。

面对第一次做的工作，不知道应该从什么地方开始下手，也无法利用商业系统框架的时候，这个方法十分有效。

比如，上司让你给一个从未接触过的商品举办促销活动，你在不知道应该怎么做才好的时候，可以将自己能够想到的所有作业全都列举出来。

当列举出一定数量之后，就可以按照“活动内容”“信息收集”“会场相关”“人员相关”等情况将相关的作业归纳到一起。通过将作业按照时间顺序排列，就可以对整体的工作流程有一个比较准确的把握。

对于第一次做的工作，出现遗漏和重复是很正常的现象。因此应该尽快做出第一份整体设计图，然后拿给上司确认。如果在你设计的作业流程之中存在遗漏和重复的话，经验丰富的上司一定会帮你指出来的。

当你面对第一次做的工作不知道应该如何是好的时候，不妨试一试将应该做的事情随机地列举出来这个方法吧。

创造价值的流程（工作安排的步骤）

作业		创造的副价值
把握顾客需求	· 对潜在客户的动向和需求进行调查	把握顾客真正的需求
预约见面	· 约定好见面时间	成功取得预约
商谈	· 说明服务项目	引起顾客对服务的兴趣
成交	· 制作计划书	成交
售后服务	· 确认满意度	确立顾客对服务的忠诚度
价值	拓展或者维护客户	

06

逻辑树可以保证工作品质

说起“逻辑思考”，可能很多人都会联想到“逻辑树”。“逻辑树”也是一种框架，可以帮助我们没有遗漏、没有重复地将课题进行系统的分解与整理，找出真正的关键点和解决办法。

当你思考“应该买一个什么样的房子”的时候，或许会随机地产生“有个宽敞庭院的房子好”“市中心的房子比郊区的房子好”之类的想法。但是，在买房子的时候应该思考的问题可不只有庭院和位置。房间的格局、街道的环境、与工作地点之间的交通、预算、设备等许多问题都是不容忽视的。买房是人生中非常重要的投资，如果不谨慎思考的话会带来极大的风险。

如果在买房子的问题上没有系统地思考，那么很容易漏掉关键的检查点，将时间浪费在多余的事情上，结果买了房子之后又发现有很多不满意的地方，再后悔也晚了。工作上的问题也是一样，如果漏掉了必不可少的分析和检查项目，很有可能使工作的品质下降。所以在需要做出重要决定的时候，对问题进行没有遗漏、没有重复的分析十分重要。

如第99页的图表所示，逻辑树是如同树状的没有遗漏、没有重复的分析工具，在解决问题的时候，逻辑树是非常重要的武器。但是，有很多人一看到这种密密麻麻的树状图就不知如何是好，思维反而变得更加混乱，这也是客观存在的事实。

因为本书的主题是工作的安排方法，所以就不对逻辑树的制作方法做详细的介绍了。不过，将检查点没有遗漏、没有重复地全都列举出来的做法，在对工作进行安排时非常重要。

在制作整体设计图的时候，必须没有遗漏、没有重复地将应该做的事情都挑选出来，把握实现目标的作业流程。

在这个时候就可以利用逻辑树来进行没有遗漏、没有重复的思考。虽然不一定非要采取逻辑树这种形式，但在对工作进行安排的时候，必须没有遗漏、没有重复地将项目全都列举出来。不过有一点需要注意，那就是不要“完全”没有遗漏、没有重复。我们的目的是让作业没有遗漏、没有重复，至于其他不必要的内容则不需要都加进来。

归根结底，前文介绍过的“3C”和商业系统等框架，也是为了防止分析项目出现遗漏和重复的检查列表。如果能够活用这些框架，就能够提高工作的品质和效率。

用逻辑树来消除工作安排中的遗漏

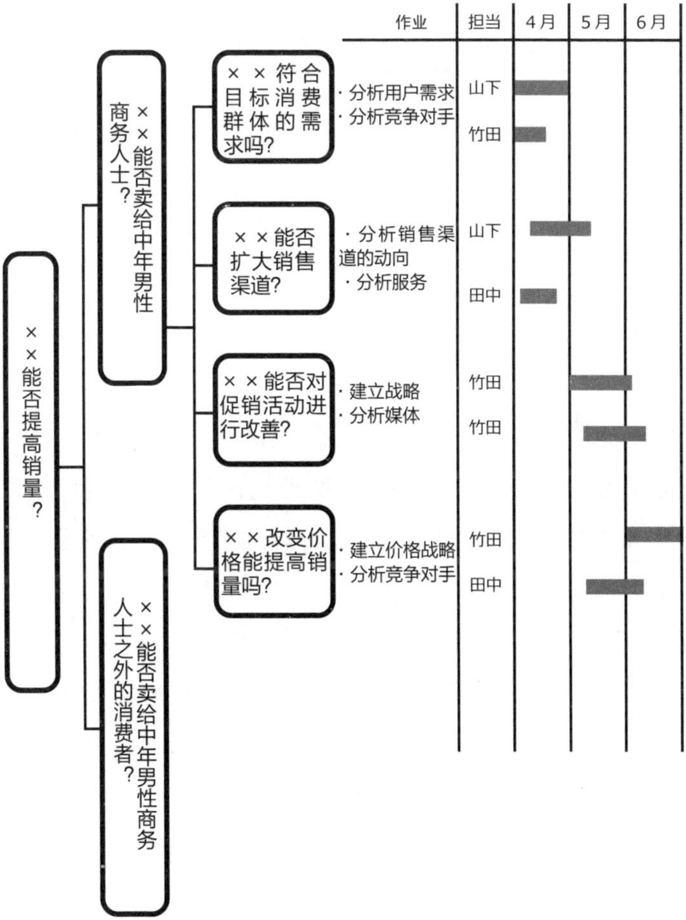

07

将工作分为“定量”和“定性”

工作大体上可以分为“定量的工作”和“定性的工作”两种。所谓定量的工作，就是常规的单纯作业。比如复印资料、输入作业等都属于定量的工作。而定性的工作则是指抽象度比较高，需要创造力的工作，也就是需要“思考”的工作。比如解决问题、企划、销售等工作都属于定性的工作。

对于定量的工作来说，需要做的事情都是事先决定好了的。只要将作业重复多次就一定能够取得最终成果物。而且定量的工作所要求的品质也是固定的。像这样的工作已经没有更进一步提升品质的空间，所以只能将力量集中在提高效率上。

定性的工作不管是作业流程还是成果物都没有固定的正确答案。所以效率自不必说，就连思考的品质也因为受工作安排的影响而因人而异。因此，对于定性的工作，通过最小化思考法对工作进行安排会更有效果。

在制作整体设计图的时候，首先应该搞清楚自己接下来要做的工作究竟是定量的还是定性的，然后找出哪个工作是最费时间的。

也就是说，要在明确工作种类的基础上，再对时间进行分配。对于定量的工作来说，因为时间决定质量，所以一定要优先保证定量的工作所需的时间。其次是找出那些花费时间较多的工作，要保证这些工作的时间。可以通过将工作分解，估算出每一项工作需要的时间。

不过，人类的大脑在一天之中不同的时间段状态也各不相同，如果在大脑集中度比较高的时间段进行需要思考的工作，那么自然可以提高工作的品质与效率。掌握最小化思考法的人对自己的大脑在什么时候状态比较好、拥有较高的集中度都有准确的把握。

对于定量的工作来说，时间就是生命

对于抽象的创意性工作来说，如果不追求品质的话，那么从某种意义上来说随随便便都可以完成。比如上司让你做一份企划书，如果你刚好想到了一个创意，那么可能用不了1小时就可以做完；如果不重视质量的话，甚至只要5分钟就能做完。

但是，抽象度较低的定量的工作就不能这样做了。比如上司让你给100个信封手写上地址，假设写一个地址要3分钟，那么你就必须给这项工作保证300分钟（5小时）的时间。如果想在1小时之内完成这项工作，那就至少需要保证5个人同时工作。事实上，越是定量的、单纯的作业越不能偷工减料。因为必须给定量的工作预留出足够的时间，所以对预留时间进行估算的技巧尤为重要。

同时，因为定量的工作在某种程度上能够准确地估算出所需的时间，所以也更便于进行工作安排。在对定量的工作进行工作安排的时候，只要稍微多留出一点儿时间，就可以将这多出来的时间用在提高品质上，从而实现有品质和高效率的工作。

在制作资料时采用“标准+α”的方法

即便是定性的工作，也可以通过合适的方法在保证高品质的同时提高工作的效率。

在创意性的工作中，对时间要求比较高的工作之一就是制作资料。资料包括提案书、企划书、报告书等许多种类，如果完全从零开始制作资料的话就很难提高作业的效率。

掌握最小化思考法的人，对于自己需要经常制作的资料，都会有一个固定的标准格式。这也是在有限的时间内取得高品质成果必不可少的工具。

没有任何一家公司会针对所有不同的工作全都从零开始制作资料，而是应该有一个基础的共通的标准格式。比如一名销售人员需要向多位客户同时提交提案书，那么他肯定有一个基本的提案书格式。然后，只要根据客户的实际需求在标准格式中添加相应的内容即可。

具体来说，除了改变公司名和日期之外，还需要添加一些能够引起客户兴趣的资料。比如对健康比较关注的客户，只要在标准格式中添加一些与健康相关的数据就可以使其变成独一无二的提案书。另外，根据客户的实际需求，在现场将动画和互联网上的信息与资料一起进行演示也是不错的办法。

在制作资料时采用“标准+α”的方法，不仅能够提高作业的效率，同时还能够提高资料的品质。

活用提案书的标准格式

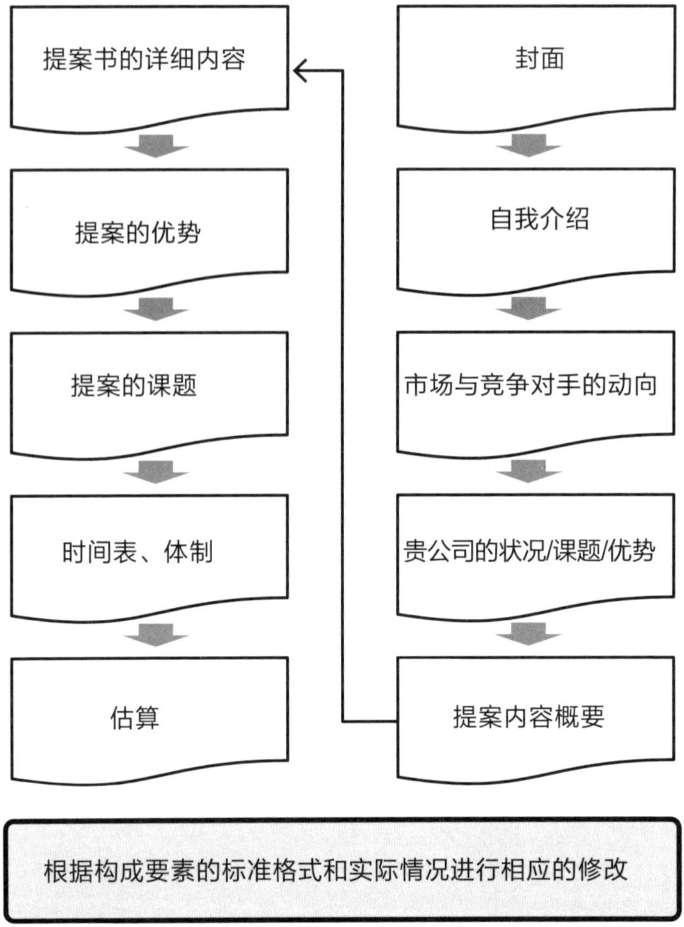
封面
自我介绍
市场与竞争对手的动向
贵公司的状况/课题/优势
提案内容概要
提案书的详细内容
提案的优势
提案的课题
时间表、体制
估算
根据构成要素的标准格式和实际情况进行相应的修改

08

准确把握自己的“时间感觉”

不擅长安排工作的人，主要的问题都出在对时间的估算不准确上。很多人在列举今天应该做的事情的时候，列举的并不是“应该做的事情”，而是“想做的事情”。在对工作量进行安排时，也不顾能做多少的实际情况，而是按照“要是能做完这些就好了”的愿望来进行安排。

同时，他们自身的“时间感觉”也可能不够准确。也就是说，对时间的感觉比实际要短。这样一来在对工作时间进行估算的时候就会导致不够准确。你能够准确地估算时间的长短吗？

掌握最小化思考法的人都能够准确地把握自身的“时间感觉”，从而能够准确地估算出一项工作所需要花费的时间。比如，如果制作一份企划书需要3小时，他们就绝不会乐观地认为“只需要1小时就能完成”。如果对工作的时间估算不准确，那么就算对一天的工作都进行了安排，最终也会落得一个全都没有做完的结果。如果第二天还是如此，那么没做完的工作就会越来越多，时间表也只能一拖再拖。

明知道都有哪些工作，但是却做不完，这种状态会给人的心理造成极大的压力。而压力会导致我们的五感变得迟钝，使我们陷入更加混沌的状态。

为了防止出现这种情况，我们应该尽可能地、准确地把握自己的“时间感觉”，准确地估算工作所需的时间。

不能准确地把握自己的“时间感觉”和工作能力的人，首先可以从“将估算的工作时间延长到原来的2倍”开始。

实际上，我们可能会在工作中遇到各种各样的问题，导致工作所需的时间延长一倍，所以提前留出充足的时间，可以避免出现时间表一拖再拖的情况。

另外，我们还可以对实际的工作时间进行监测记录。比如“发邮件：15分钟”“制作会议资料：1小时”“思考创意：30分钟”，像这样将工作所需的时间都记录下来。下次对工作时间进行估算的时候可以参考记录，安排出两倍的时间。接下来就是以这个时间为基准，想办法在规定的时间内完成工作。

第四章

工作目标要清晰

对于效率优先的工作来说，对方也不会苛刻地要求工作的品质。也就是说，在做并不重要的工作时，没必要提交超出对方期待值的成果。

01

工作目标清晰可以消除无用功

要想提高工作的品质和效率，成果设计也必不可少。成果设计可以说是提高思考的品质与效率的技巧之一。所谓成果设计，就是对最终成果物有一个具体的概念。

如果只说最终目标是“制作甜点”，那么根本就不知道应该从何下手。因为制作曲奇和制作蛋糕所需要准备的材料完全不同，制作的流程和所需的时间也不一样。

但是，如果明确最终目标是“制作奶油蛋糕”或者“制作冰激凌”的话，那么就可以很快确定所需材料，明确制作流程。

工作安排也是如此。

与只说“制作企划书”相比，在假设的基础上明确“制作一份面向20多岁女性消费者的健康食品企划书”这一目标，可以使工作高效地取得成果。

另外，如果对最终成果物有“将企划书总结在3页之内”“制作9页PPT”“用图表和数据来进行说明”之类的明确要求，就可以逆推出所需的信息，从而在信息收集时进行取舍，排除作业之中的干扰信息。

有目标就可以消除无用功

假设你现在要为公司制作一个官方网站。

在这种情况下，如果最终的目标是“通过官方网站来构筑公司的品牌形象”，那就应该围绕这一目标来采取行动。因为“让看到官网的人对这家公司的产品产生兴趣，想在这家公司工作”是最终目标，所以像详细的商品介绍和在线购买之类的功能可以留待以后慢慢追加。

如果对最终成果物没有一个明确的把握，那你在制作网站的时候就会出现“这些内容也想放上去，那些内容也不能省略”的想法，结果作业项目就会越来越多，最终可能会出现无法按时完成工作的情况。

在开始工作之前，通过思考“应该创造出哪些价值”来明确最终成果物非常重要。

02

将观点总结为3个，就能说得明白

在发表成果和制作资料的时候，“3”这个数字十分常用。比如“这里有3个重点”“有3个理由”等，我们经常习惯性地将重点内容总结成3个。

因为“3”是一个既不多也不少，还容易给对方留下深刻印象的数字。如果不足3个会使人感觉太少，不够充分；如果多于3个则会使人感觉太多，难以理解和记忆。

所以我们在制作资料的时候也应该善于利用“3”这个数字。比如当内容有3个重点的时候，可以将每个重点总结在一张纸上，总共制作3张资料是最合适的。

当然，有时候只用3张纸可能无法展现出所有的内容，在这种情况下我们可以将每一个重点部分的要点、根据以及数据再细分成3个部分。如果仍然觉得不够，还可以更进一步地将细分之后的部分继续细分成3个部分。

也就是说，在展现3个重点的时候，可以将每个重点都细分成3个部分，制作9张资料。我将这种方法称为“3的平方法则”。3张、9张、27张、81张……资料的页数永远是3的倍数。在制作资料的时候养成明确最终成果物的习惯，有助于提高工作的品质和效率。

我在做管理顾问的时候，前辈经常告诉我：“将想要传达的信息总结成3部分，这样你说的内容就很容易被人理解。”坚持用“3”这个数字来制作最终成果物，就可以更准确地将自己的想法传达给对方。这也是可以让你更容易获得对方的理解、取得成果的方法之一。

用“主张+3个根据”来进行总结

“空・雨・伞”这个框架是在制作提案书和企划书的时候很常用的工具，从前文提到过的“3”的概念来看，“3”可以说是这个框架的关键词。除了“空・雨・伞”之外，还有一个很常用的框架，那就是“主张+3个根据”，意思是“自己最想传达的主张，以及支持这一主张的3个根据”。

比如想对食品公司传达“应该进军中国市场”这一主张的时候，可以同时提出3个根据。

我们公司应该进军中国市场。理由有三点：

①日本市场已经趋于饱和（Company）；

②中国人均收入提高，开始追求更高的生活品质（Customer）；

③竞争对手已经开始进军中国市场开拓高级食品市场（Competitor）。

顺带一提，上面的理由是以“3C”的框架为基础总结出来的，像这样没有遗漏、没有重复地从多个角度对主张进行补充，可以使主张更加具有说服力。当然，用来证明根据正确的数据也应该一并列举出来。

通过“主张+3个根据”的框架来对最终成果物进行总结，可以提高思考的品质和效率。

当你不知道应该如何对最终成果物进行总结时，不妨试一试“主张+3个根据”的框架吧。

用“3的平方法则”来制作资料

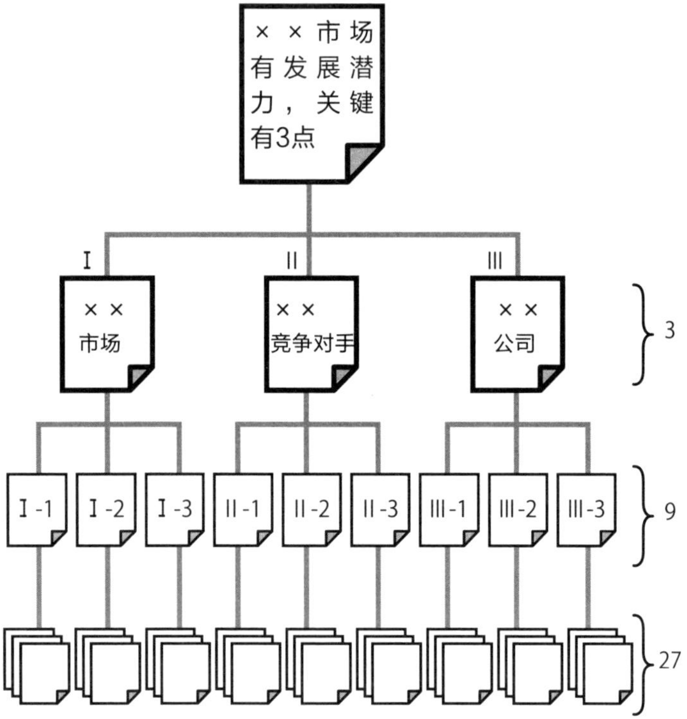

用“3的平方法则”来制作资料，可以提高最终成果物的价值

03

把握上司的“期待值”

在我们平时所做的工作中，绝大部分都是上司安排下来的工作。所以，在对工作进行安排的时候，把握上司的“期待值”尤为关键。也就是说，在开始工作之前，应该明确上司究竟期待的是怎样的最终成果物。

工作应该做到什么样的品质，需要在什么时间之内做完，上司为什么安排这样的工作……在开始工作之前必须搞清楚这些情况，然后再根据具体的情况来取得成果。这也是工作中必不可少的“成果设计”的技术。如果不能准确地把握上司的要求，那很有可能在付出了巨大的努力之后却是白忙一场。

这就像与喜欢的对象约会一样。因为最近很流行户外活动，就约对方吃BBQ（烧烤野餐），但如果对方是一个不喜欢户外活动的人，恐怕就会遭到对方的拒绝，甚至可能失去继续交往的机会。

而那些能够成功将对方约出来的人，都会提前想办法了解对方的情况，比如通过对方的朋友来打听对方的兴趣和爱好等。

比如，你知道对方喜欢吃有机食品，那么可以以“我下次准备在一家有机餐厅接待客户，希望你能和我一起去踩踩点儿，给我提些建议，怎么样”为借口来邀请对方。即便对方对你没有感觉，但因为这个提议符合其自身的兴趣，所以很有可能答应你的邀请。

同样的方法也适用于销售的工作。如果你不知道客户的需求，那就只能自说自话。销售工作的目标是与对方达成交易，因此必须事前了解对方的需求（期待值）。

搞清楚应该重视速度还是重视内容

当上司要求你制作报告书的时候，应该怎么做才好呢？

如果上司要求“制作一份关于A商品销售情况的报告书”，工作认真仔细的人或许会花上好几天的时间制作一份多达数页的详细报告书。但是，或许上司并不需要详细的数据，他只是想大致地把握一下A商品的销售状况。

在这种情况下，与花费好几天的时间提交一份详细的报告书相比，在上司下达命令的当天就交上一份简单的报告书，对上司来说更有帮助。上司对于这样的部下当然也会刮目相看。

如果上司对报告书的内容十分重视，那么多花些时间仔细制作一份报告书就显得很有必要；如果上司更重视速度，那么尽快将报告书整理出来就可以使上司满意。

所以，当上司对你说“制作一份给客户的提案书”时，先搞清楚上司的期待值，就可以消除很多无用功。

比如，如果这份提案书的目标客户最终成交的可能性很低，那就没必要制作太详细的资料，只要做一个简易版就足够了。善于对工作进行安排的人，都能够准确地把握上司的期待值。

善于对工作进行安排的人，会通过与上司的沟通搞清楚究竟需要制作出什么级别的最终成果物。

“需要哪些信息？”“什么时候做完？”“这个报告书要用在什么地方？”通过这样的提问，就可以把握自己究竟应该制作什么样的最终成果物。

不只报告书和提案书，对于任何工作都应该搞清楚“为什么要做这项工作”，这样才能提高工作的品质和效率。

改变交代工作的方法将影响最终的成果

当你向别人交代工作的时候，如果能够将自己的期待值准确地传达给对方，就可以使整个团队的工作变得更加顺利。

你在向别人交代工作的时候，是否在没有任何详细解释的情况下直接说“这件事拜托你了”。如果你单方面地以为“既然是同事，这种事他们肯定都明白”，那恐怕难以取得你期待的成果。结果只能是不断地修正，不但浪费劳力还浪费了时间。如果你因此而后悔：“不如我亲自来做了”，那就更加得不偿失。

所以在交代工作的时候，按照难度、背景、期限的顺序来进行传达，可以取得事半功倍的效果。

比如，你拜托别人制作企划书，不能只说“请做一份企划书”，而应该把自己的期待详细地告诉对方。比如究竟是只需要一份简单的企划书，还是需要经过仔细分析，数据和资料一应俱全的企划书？这就是对工作品质（难度）的要求。另外，这份企划书究竟是给客户看的，还是给上司看的？关于企划书究竟是用来做什么的也十分重要。

最后是最关键的期限。即便什么时候做完都可以，也应该将这一情况明确地传达给对方。如果是抽象度和难度都很高的工作，那么还应该规定在工作过程中进行报告的日期。

保证团队的所有成员都对最终成果物有一个明确的认识，是消除无用功、保证工作顺利进行的关键。

04

不要追求100%的工作品质，80%就可以了

制作最终成果物的时候，没必要追求100%的绝品。

在工作的品质与时间之间存在着一个80/20的规则。

假设工作的品质最大值是100%，那么要想达到80%的程度并不是什么难事。只要按照合适的流程、花费一定的时间，绝大多数的人都可以使自己的工作品质达到80%的程度。

但是，如果要将品质从80%提高到100%可就没那么简单了。要想做出完美的工作，需要收集的信息量和完成的作业量都将大幅增加。而这样一来，从80%到100%所需花费的时间，要数倍于从0%到80%花费的时间。

以制作会议记录为例，只要将议题、结论以及主要的发言内容记录下来就足够了。如果这相当于完成了80%的工作，那么要

想完成100%的工作，就必须把出席者所有的发言一字不差地全都记录下来。

工作的目标是取得能够创造价值的最终成果物，而不是做出100%的完美工作。

拘泥于工作品质的人，常常会花费大量的时间去追求100%的工作。然而他们做出的工作虽然品质很高，但却效率不足。

尽管100%的工作品质很高，但80%和100%之间并没有决定性的差异。对于追求效率的商务世界来说，80%的品质就已经足够了。当然，能够取得100%的品质肯定更好，但如果这种品质需要以付出更多的时间为代价，那么肯定很难得到上司和客户的认同。这样的100%徒有其表、华而不实。因此，掌握最小化思考法的人，绝对不会花费大量的时间去追求100%的品质，而是会在短时间内达到80%的品质。

为了尽快达到80%的品质，建立假设十分重要。如果没有建立假设就直接开始收集信息，那就需要完成庞大的工作量和花费大量的时间。比如你要“制作新事业的企划书”的时候，如果没有任何假设，那么就连收集80%的信息也要消耗大量的时间，而且因为对最终成果物并没有一个明确的概念，所以可能连多少是80%都不知道。

但是，如果你能够建立起“什么样的甜品深受老年男性喜爱”的假设，那就知道应该收集哪些信息，以及做到多少能够达到80%的品质。

假设是提高工作效率的前提。

不要追求100%的品质，应该以短时间内完成80%的品质为目标

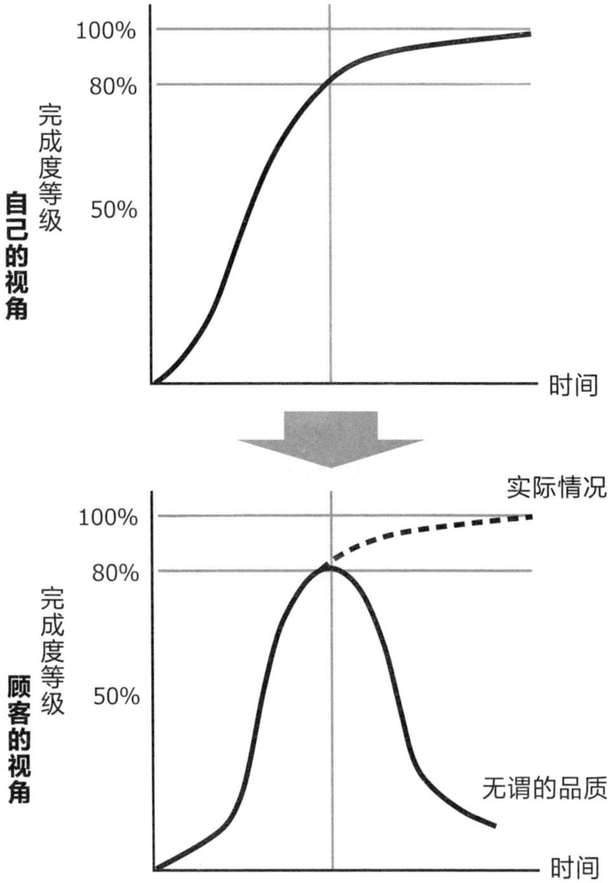

05

工作要设定期限

只要设定了期限，人就会努力在期限之内完成工作。举个例子，如果距离末班车只剩30分钟，那你就会将注意力全都集中在工作上，从而更高效地把工作做完。

或许大家都有过这样的经历吧，这就是“期限效果”。

如果能够在工作的时候灵活地利用这种“期限效果”，就可以达到提高工作效率的效果。

谁都讨厌辛苦，所以对于工作这种苦差事都是能拖就拖，不到最后一刻绝不动手。在暑假的最后一天急急忙忙地赶作业的经历很多人都有过吧。工作也一样，很多人都在期限快要结束的时候才急急忙忙地开始工作。但是，如果像这样对工作进行安排，就很可能无法按期完成工作，结果导致其他的工作也被迫推迟。

为了防止出现这种情况，除了要意识到最终的期限之外，还需要以一天为单位给工作设定期限。

比如，“今天从10点到11点的一小时可以用来做案头工作，在这一小时里要将制作报告书所需的信息全部收集完毕”，也就是自己设定好“到×点，完成××工作”的期限。因为如果不能在设定的期限内达成目标会影响自己的心情，所以我们会努力在期限之内完成工作。

掌握最小化思考法的人，绝对不会优哉游哉地将工作拖到最后一刻。我在做管理顾问的时候，只要决定了“晚餐之前回家”，就一定会尽量在那之前完成工作。绝大多数的同事都和我一样。

这就是“期限效果”的例子。只要给一天的工作设定一个期限，就可以集中精力使工作在那之前完成。

如果感觉工作无法如期完成，可以早点儿到公司对工作进行安排，争取在上午就完成一部分工作。

不善于对工作进行安排的人，往往在工作时抱着“做不完的话加班就好了”的想法。所以他们在白天的工作时间都很悠闲，到了晚上才急急忙忙地开始工作。

经常加班的人，可以试着在开始工作之前给自己设定一个回家的时间。这样你一定能够切实地体会到平时的工作是多么没有效率。要想提高自己工作的品质与效率，每天早晨对工作进行安排的时候就应该给自己规定一个时间期限，比如“今天要在×点之前做完工作回家”。

另外，将5分钟和10分钟这样的碎片时间有效地利用起来也十分重要。如果认为“这么短的时间什么也干不了”就偷懒或者用上网和看手机等方式消磨掉的话，那实在是太浪费了。如果能够下意识地利用时间，那么即便只有1分钟也可以有效地利用起来，就算是很短的时间也能做很多事情。

如果你给自己订立一个目标，比如“在5分钟之内做完××”，那么期限效果就会促使你迅速地把这件事情做完。

紧急的工作效率优先

越是紧急的工作越应该设定一个期限，而且期限应该设定得越短越好。

紧急的工作都是需要在短时间内取得成果的工作。

比如接到客户的投诉电话，与一天之后才做出应对相比，立刻做出应对更能显出对客户的诚意。而且如果不能及时地应对投诉，甚至可能招来客户更进一步的投诉。

另外，在紧急的工作之中还有一些并不重要的工作。比如提交经费资料和上司安排的事务性工作等，对于这些虽然不重要但很紧急的工作，基本原则是效率优先。可以设定一个“5分钟之内做完”的目标，一口气将工作做完。

对于效率优先的工作来说，对方也不会苛刻地要求工作的品质。也就是说，在做并不重要的工作时，没必要提交超出对方期待值的成果。

像这样的工作，你花费的时间越多，对方的满意度就越低。但如果你能够很有效率地做出应对，那么即便是并不重要的工作，也一样能够获得极高的满意度。

第五章

将工作可视化

如果能够准确地把握整体情况，给作业安排出优先顺序，就可以通过消除没有必要的作业、将相关作业组合起来、将作业外包出去等办法，使作业变得更有效率。

01

工作表安排的三个步骤

在本章之中，我将为大家更进一步地介绍提高自己工作安排能力的方法。

为什么我们要更进一步地提高工作的品质和效率呢？在我个人看来，凡是善于工作的人，都掌握一个共通的方法，那就是他们能够有意识或者无意识地使自己工作的整体情况可视化。

我从三个视角对他们的工作安排的方法进行分析，并且分成以下三个阶段。我将其称为“商业系统型”的工作安排法。

①流程→为了创造价值明确工作的整体流程；

②分解→将整体流程分解为创造价值必要的几个阶段；

③要素→在每个阶段之中需要进行的作业。

接下来让我们来看几个例子。

“商业系统型”工作安排法的三个视角

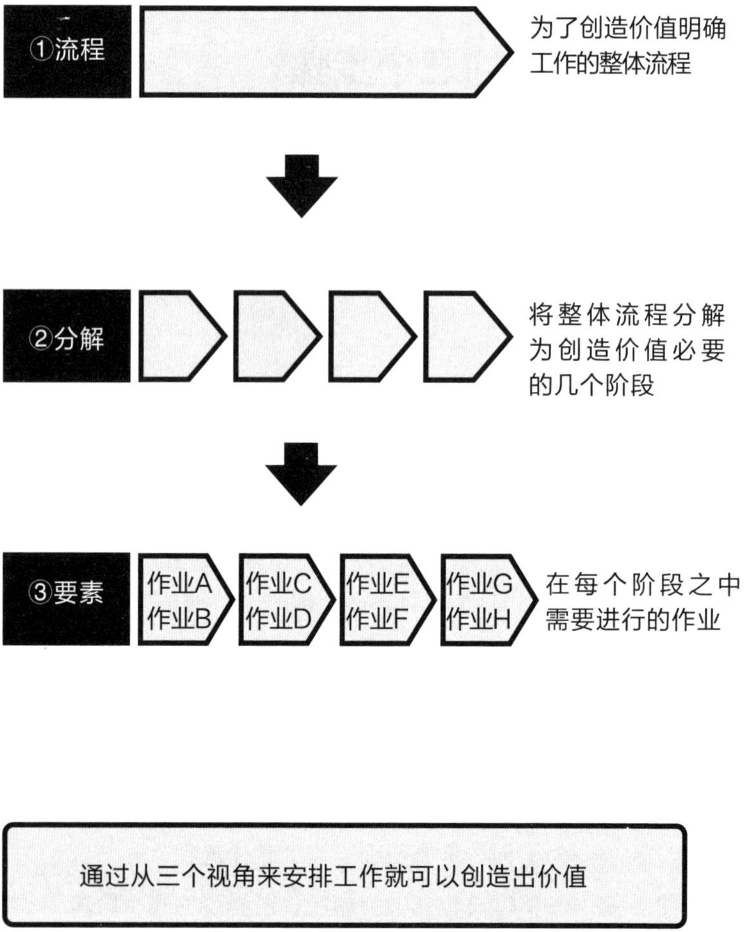

假设你的上司对你说“对汽车行业的动向做一下调查”，如果你对调查的整体情况有一定的了解，就能够做出像第130～131页的图那样的“商业系统型”工作安排表（以下简称为“工作安排表”），并通过商业系统对自己的工作进行安排。

通过这张工作安排表将“调查”的工作内容全都表示出来，可以明确哪些事应该自己做，哪些事可以交给别人做，从而高效率地开展工作。

工作安排表的制作过程大致可以分为以下三个阶段：

①明确创造的价值（以本图表为例，就是发现汽车行业的成功模式）；

②思考价值产生的流程，将流程分解为几个阶段（以本图表为例，“确认目的”→“确认最终成果物”→“建立假设”→“进行调查”→“制作最终成果物”）；

③根据分解之后的阶段将作业列举出来。

在习惯了这个工作安排表之后，完全可以在大脑里将这个图表画出来，但在尚未熟悉的阶段最好还是一边参考第130～131页的工作安排表，一边亲自在纸上把工作安排表画出来比较好。

将工作安排表写在纸上，可以亲自检查里面有没有遗漏，作业与各个项目是否整合到了一起。最后，有时间的话还可以将这个安排表拿给前辈或者上司看看，能让他们帮忙检查一遍就更完美了。

“商业系统型”工作安排表的例子

目的：调查汽车行业的动向，收集成功案例
期限：2016年12月15日（2周）

流程	确认目的	确认最终成果物
副价值	·使工作能够最有效率地顺利进行	·确认最终成果物，避免出现无用功
作业项目	·确认调查目的 ·确认调查所需的背景情况 ·确认期限 ·确认最终成果物的等级（内容和完成度）	·决定最终成果物的格式、制作工具（WORD、EXCEL、PPT等） ·寻找类似/参考案例 ·将自己对最终成果物的概念交给上司确认

最终成果物等级：20页左右，以案例为中心进行总结
应该创造的价值：发现汽车行业的成功案例

建立假设	进行调查	制作最终成果物
· 建立准确度较高的假设	· 收集有用的信息 · 不遗漏地收集信息	· 制作能够回应上司期待（品质、期限）的最终成果物
· 建立假设 · 向前辈和上司征求关于假设的意见	· 决定调查对象 · 决定调查项目 · 决定调查方法（杂志、报纸、图书、WEB、采访、问卷调查等） · 制作调查计划 · 进行预备调查 · 进行正式调查	· 分析调查结果 · 进行追加调查 · 制作最终成果物

开始行动前把握整体情况

工作安排表是用来把握整体和细节情况的关键图表。经常用这个图表来对工作进行检查，就可以随时对自己正在进行哪项工作、停在了什么地方、接下来还有多少作业等情况进行确认。

另外，通过将工作安排表与上司和相关人员共享，还可以在工作的过程中对自己所处的实际情况进行确认。

当接到工作任务的时候，不要急于开始行动，而应该首先将自己工作的整体情况都整理到一张工作安排表上。

这样做可以使你工作安排的效率得到更进一步的提高。不妨给自己的工作制作一个工作安排表吧，或许可以帮助你找到许多之前从没发现过的改善点呢。

在制作工作安排表的时候，还需要考虑以下三个内容：

①将力量集中在与价值直接挂钩的最重要的部分；

②对工作整体的品质和速度进行改善；

③在工作上取得重大突破。

接下来我将按照顺序依次通过具体的事例来为大家进行解释和说明。

02

做最有价值的工作

在制作完工作安排表之后，紧接着应该做的第一件事，就是找出工作安排表中最能够发挥价值的部分，然后将力量集中在这个部分上，取得成果。

假设你身处销售部门，而你所在部门的销售活动如第135页的工作安排表所示。

让我们来看一看“与成果直接挂钩的最有价值的部分”在哪里。可能是发现商业机会的“把握顾客需求”，也可能是决定成交机会的“商谈”“成交”，还有可能是防止顾客流失的“售后服务”。至于究竟存在于什么地方，则是由商品的特征和商业环境，以及各个流程中有多少精通作业项目的销售负责人等因素决定的。

如果你觉得自己身边的销售负责人的商谈成功率都不怎么高，而你亲自出马则能够取得更好的成果，那么最有价值的部分可能就在“商谈”“成交”上。这样你就需要学习商谈的知识，通过积累这方面的经验来提高自身的技能。

假设你通过自身的技能使自己变得善于商谈，从而能够取得比其他销售负责人更高的成交率，那么在这种情况下，与你负责整个业务流程（制作资料、打电话预约等）相比，将销售现场之外的业务交给其他人去做，而你只将精力集中在销售的业务上，可以使整体效率得到大幅提高。

让你的价值提高10倍

让我们用数字来对刚才那个例子进行思考。

假设其他销售负责人在现场的成功率是20%，你的成功率是60%，而由一位销售负责人负责从预约见面时间到制作资料全部业务流程的话，一个月可以拜访100名客户。

如果你一个人处理全部的业务流程，一个月能够成交的客户数量就是100×60%，等于60名，其他销售负责人是20名。

但是，如果将现场以外的业务都交给另一名销售负责人，你则只负责现场的业务，那么一个月你们两个人就可以拜访200名客户，你们两个销售负责人能够与120名客户签下成交协议。

另外，如果你能够将自己在现场所做的一切都教给其他的销售负责人，那么就可以提高其他销售负责人所能够取得的价值。就算他们达不到像你一样60%那么高的成功率，但至少也比普通的销售负责人20%的成功率要高一些。假设他们能够达到40%的话，那么只要多出几名这样的销售负责人，销售部门整体的效率

“商业系统型”工作安排表的例子（销售活动）

应该创造的价值：客户的开拓和维护

流程	副价值	作业项目
把握客户需求	· 把握客户真正的需求	· 对潜在客户的动向与需求进行调查（行业新闻、网络、问卷调查、当面采访等）
预约见面时间	· 成功预约见面时间	· 预约见面时间 · 制作说明资料
商谈	· 激发客户对服务的兴趣，获得对方的认可	· 对服务内容进行说明 · 把握客户的具体需求
成交	· 成功成交	· 制作提案资料、计划书 · 最终说明 · 契约业务
售后服务	· 确立客户对服务的忠诚度	· 售后服务 · 信息发送（订阅邮件、杂志等） · 定期回访（确认客户要求） · 进行满意度调查

就将提高到原来的2倍。

从这个角度来看的话，甚至可以说你将自己的价值提高了10倍，而且成果也是显而易见的。

将作业分成两个部分，把力量集中在最重要的部分

通过前文我们已经知道，要想提高自己的价值以及整体的工作效率，就必须在把握工作整体情况的基础上，将力量集中在与价值直接挂钩的重要的部分。

为了做到这一点，首先需要将各个流程、作业分成以下两个部分：

①任何人都能做的部分→交给别人去做；

②与价值直接挂钩的最重要的部分→全力以赴。

当然，在年轻的时候还是应该尽可能去尝试更多的工作，所以不管哪个部分都应该积极地进行挑战。

但是，当你在一定程度上习惯了工作之后，就可以将不重要的部分交给别人去做，而自己则将力量全都集中在与价值直接挂钩的最重要的部分。

以前文提到过的对汽车行业进行调查这项工作为例，假设你认为最有价值的作业是“分析调查结果”，那就应该努力提高这方面的技能水平，至于其他的工作则可以交给其他人来完成。比如，在决定了调

将力量集中在最重要的部分

应该创造的价值：客户的开拓和维护

	流程	副价值	作业项目
	把握客户需求	·把握客户真正的需求	·对潜在客户的动向与需求进行调查（行业新闻、网络、问卷调查、当面采访等）
	预约见面时间	·成功预约见面时间	·预约见面时间 ·制作说明资料
最重要的部分	商谈	·激发客户对服务的兴趣，获得对方的认可	·对服务内容进行说明 ·把握客户的具体需求
最重要的部分	成交	·成功成交	·制作提案资料、计划书 ·最终说明 ·契约业务
	售后服务	·确立客户对服务的忠诚度	·售后服务 ·信息发送（订阅邮件、杂志等） ·定期回访（确认客户要求） ·进行满意度调查

查方法之后，可以让大家分头进行调查；在决定了最终成果物的格式之后，可以将分析结果交给擅长制作表格的人来进行制作。

也就是说，你将调查工作交给别人，自己则将力量全都集中在对调查的结果进行分析上，那么就可以提高“调查”这项工作整体的品质。

03

不拘泥于“部分”，优先从“整体”进行改善

在制作完工作安排表之后应该做的第二件事，就是努力提高最重要工作的品质和效率。

只要你能够准确地把握整体情况，就不会被那些所谓的“提高工作效率的技术”所迷惑。

你有没有听说过下面这些工作技巧呢？

· 不用鼠标只用键盘制作资料可以提高工作效率；

· 记住EXCEL的快捷键和宏，可以提高工作效率；

· 准备几个用于调查的信息来源（比如行业的知名人物和报纸杂志等）。

这些都被称为Tips，也就是“小技巧”的意思。

确实，通过Tips能够在一定程度上提高工作的效率，但这只能提高一项工作的效率而已。可以说是真真正正的“小技巧”。

尽管这样的技巧也很有用，但只有在把握整体情况的基础上选择最有效果的技巧，才能够使其发挥出最大的威力。

如果一项作业在整体之中只占1%的比例，那么不管这项工作的效率提高多少，也不会对整体时间有太大的影响。而且，如果从一开始就搞错了方向的话，那么不管怎么提高过程中的工作效率也是毫无意义的（或许会让人更快地意识到错误……）。

综上所述，首先使整体情况可视化，然后找出以下两点尤为关键。

· 瓶颈（一旦时间延长，整个工作的时间都将随之增加的作业）；
· 工数占比较高的作业。

找出相应的作业之后，除了想办法提高这些作业的效率之外，还可以考虑是否应该通过投资（提高员工的技能、购买仪器和软件、外包，等等）来缩短这些作业的时间。

以前文中提到过的那个销售活动的工作安排表为例，如果“制作提案资料、计划书”需要大量时间，而这项作业如果不完成就不能进行最终的说明，那么这项作业就属于瓶颈。

在这种情况下，对于“制作提案资料、计划书”这项作业，就可以通过准备工作手册来使其标准化，或者组建一个专门制作提案资料和计划书的团队等来进行改善，最终提高整体工作的品质与效率。

不要拘泥于“部分”，优先对“整体”进行改善

如果能够准确地把握整体情况，给作业安排出优先顺序，就可以通过消除没有必要的作业、将相关作业组合起来、将作业外包出去等办法，使作业变得更有效率。

与只提升单一作业的效率相比，站在整体的角度思考从哪项工作入手能够提高整体的效率和品质更加重要。

以前文中提到过的对汽车行业的“调查”流程为例，如果想对其进行改善，可以思考以下几点：

· 确认调查目的，如果已经存在相似状况的报告，那就可以省略掉绝大多数的作业；

· 查询是否有前辈做过类似的调查，如果有的话，向其询问“什么地方问题最大”“应该注意什么地方”（如果可能的话，最好能够拿到当时的最终成果物作为参考。但要注意不能被对方的结果影响到自己的判断）；

· 如果上司已经建立起假设，那么在最初的阶段就要询问清楚（当然，也需要注意不能被上司的假设影响到自己的判断），或许可以缩小调查的范围。

通过上述方法，可以对工作整体进行改善，使工作的品质和效率都得到大幅度的提高。

04

向其他行业取经使工作发生革命性的改善

在制作完工作安排表之后应该做的第三件事，就是在工作上取得重大突破。

所谓突破，就是利用前所未有的方法使工作得到巨大的改善。也就是工作的革命。

比如，将一直以来都只在实体店中销售的商品拿到网络上销售（住宅、汽车等），或者将从来没有被当成过商品的东西作为商品销售（空气、水等）。以前文中提到的对汽车行业进行“调查”为例，通过与大学合作进行调查，或者与总公司和位于其他国家的分公司一起进行调查，甚至与其他公司合作进行调查，只要稍微改变一下思维，就可以使工作发生巨大的改变。

在其他行业和领域寻找灵感

尽管要想取得突破并没有一定的方法论，但往往可以在其他的行业和领域之中找到取得突破的灵感。因为如果一直局限在自己行业的常识范围内，很难产生打破框架的灵感和创意。而利用不同行业的思考方法打破本行业常识的情况却十分常见。

比如日本传统的“花道”。花道采取的是家元制，有许多流派。学生可以选择自己喜欢的流派或家元，然后拜师成为弟子，通过磨炼自己的技术来获得级别和执照。弟子的技术提高到一定程度就可以成为“师范代”，有资格教其他的学生，如果家元认为弟子的技术和人格都提高到了一定的程度，就可以传授给他奥义，习得奥义的弟子可以自立门户开设教室招收弟子。与家元全凭一己之力进行传授相比，这种做法可以使自己的流派得到更加广泛的传播。

如果是学过花道，或者对花道和家元制很熟悉的人，从事按摩、美甲、美容或者培训业务的话，就可以将类似家元制的体制导入到自己的行业之中（实际上，已经有许多行业因为导入了类似于家元制的体制而实现了突破）。

另外，漫画行业也发生了变化，以前都是由一个人负责所有的创作，但最近漫画行业受电影行业的启发，也像拍电影一样开始分工合作。以前，擅长绘画但却不会编故事或者擅长编故事但却不擅长绘画的漫画家很难得到市场的认可，但如果这两种类型的漫画家相互合作，就可以创作出热门的作品。

如今，在其他行业之中获取灵感，然后在自己的行业之中引发革命的事例越来越多。所以在工作的时候绝对不能一边倒，而应该保持旺盛的好奇心，集思广益地吸取灵感和创意。绝对不能只沉迷在自己的工作之中而不去接触其他行业的信息。

超一流的商务人士不但拥有广泛的兴趣爱好，还与各行各业的人都有来往和交流。

在下一章之中，我将为大家介绍能够更进一步提高工作品质的“使五感敏锐的习惯”。

第六章

时刻保持五感的敏锐

越是掌握最小化思考法的人，越能够通过磨炼自己的五感使自己拥有敏锐的直觉，从而能够将精力百分之百地集中在眼前的工作上。这样的人即便获得的是与他人完全相同的信息，也仍然能够想出令其他人大吃一惊的绝妙创意。

01

五感敏锐才能有绝妙的创意

是否能够掌握最小化思考法，事实上在很大程度上取决于一个人五感的状态。为什么这样说呢？因为如果你的五感（视觉、听觉、触觉、味觉、嗅觉）不处在一个敏锐的状态下，那么就无法对大量的信息进行处理，不但不能运用最小化思考法，甚至连建立准确度较高的假设都做不到。在这种状态下，思考处于混沌的状态，力量也难以集中到一处，做的都是无用功。

我们通过五感来认识这个世界，以五感为媒介，对产生的现象进行把握和判断。但控制五感的是我们的大脑和神经系统。大脑和神经系统就相当于计算机里的“OS”。不管你安装了什么软件，如果“OS”的功能瘫痪了，那么所有的软件就都无法使用。

如果不给大脑这个“根”浇水，就绝对开不出成果这个“花”。

到目前为止我认识的所有一流精英们，都有保持五感敏锐的习惯。早睡早起、冥想、运动、瑜伽、远离数码产品等，他们都拥有与自己的生活方式和兴趣爱好相符的习惯。我在麦肯锡工作的时候就有一个同事经常冥想，我也从那个时候开始养成了冥想的习惯。

越是掌握最小化思考法的人，越能够通过磨炼自己的五感使自己拥有敏锐的直觉，从而能够将精力百分之百地集中在眼前的工作上。

这样的人即便获得的是与他人完全相同的信息，也仍然能够想出令其他人大吃一惊的绝妙创意。这样的管理顾问建立起来的假设，毫无疑问是最“性感”的。

或许有人会说“优秀的人有不同于他人的直觉”。但根据我多年来的观察，应该说掌握最小化思考法的人，都有不让自己的五感变迟钝的习惯。也就是说，他们能够从海量的信息之中找出与价值直接挂钩的信息，并且为了能够处理这些信息而时刻保持五感敏锐。所以，他们才能够想出令周围人大吃一惊的创意，创造常人所不能及的价值。

当我们感到疲惫和不安的时候，五感就会变得迟钝，专注力也会下降，结果就会导致我们的思考很没有效率，做的工作也都是无用功。睡眠不足的时候，大脑一片混沌根本没有办法进行思考，不但工作效率会下降，还会因为经常出错而导致工作品质降低。在这种五感迟钝的状态下，就算与价值直接挂钩的信息摆在自己的眼前，自己也无法把握。

疲惫的时候，心灵会变得不稳定，导致我们产生不安和担心之类的情绪。人类的心灵在处理自己的感情时需要具体的“理由”，仅凭抽象的概念无法对感情进行处理。

因此，如果实际上没有出现任何问题，只是因为疲劳而产生负面情绪的话，我们就会自己给负面的情绪寻找“理由”，比如“按照现在这样的安排来进行工作感觉没什么前途”“我之前提交的那份企划书是不是没有得到上司的认可”。结果，就会根据自己找出的“理由”来采取行动。

这会导致胡思乱想，把力量都浪费在无用功上，反而感觉更加疲惫，结果陷入恶性循环。

如果在这种心理状态下进行工作，会错过有用的信息，就好像如果眼镜的镜片模糊了便无法准确地看清对象一样，又或是如果戴着有色的眼镜，那么这个世界上所有的一切都是和镜片一样的颜色。

只有保持五感敏锐的状态，才能想出绝妙的创意。因为当你处于五感敏锐的状态时，自然而然地就会将注意力百分之百地集中在眼前的工作上，从而能够发挥出全部的实力。比如，当你想要调查某件事的时候，通过互联网进行检索，在5分钟之后就发现与你要找的数据完全相符的信息，于是灵感与创意也随之大量涌现。因为我已经养成了时刻使五感保持敏锐的习惯，所以经常会遇到这样的情况。

但是，如果五感变得迟钝，即便到最后能够想出同样的创意，也常常需要花上一整天的时间。这就是因为疲惫的心灵四处彷徨，无法将注意力完全集中在眼前的工作上。那些无法创造价值的人，往往都在日常业务之中疲于奔命，没有将五感充分地利用起来。

通过改变睡眠来改变工作的结果

要做的事情太多，疲劳感也难以消除……对于有这种感觉的人，我建议通过休息一段时间来使自己的五感变得敏锐。

如果要做的事情太多，肯定会导致注意力分散，而感觉疲劳就是你需要休息的信号。就算你坚持继续工作，也只是不停地在做无用功，难以有出色的表现。

在睡眠不足的情况下，完全无法运用最小化思考法。如果连续睡眠不足，使疲劳不断累积，就会导致大脑和神经系统的功能下降。因为睡眠不足而大脑反应迟钝的人，可以尝试养成在晚上10点准时睡觉的生活习惯。睡眠时间十分重要，如果能够保证在晚上10点到凌晨2点之间的这段时间有充足的睡眠，不但睡眠质量能够得到提高，还可以彻底消除疲劳。掌握最小化思考法的人都有保证高品质睡眠的习惯。

请千万不要熬夜工作。美国某大学的研究表明，如果连续17小时不睡觉，血液中的酒精浓度就会达到0.05%，也就是相当于酩酊大醉的状态。在这种状态下工作完全无法拿出最佳的表现。所以即便熬夜工作，也很难取得成果。

晚上10点准时睡觉，爱喝酒的人也最好戒酒，至少坚持3天。这就是保持工作状态的秘诀。

如果你能够这么做坚持3天，那么一定会切实地感觉到自己的大脑变得清醒了许多。而且因为疲劳被完全消除，你的五感也会变得敏锐起来，注意力大幅提高，更容易想出优秀的创意。

如果你能够长期坚持下去的话，那么你大脑的思考方法将会变得与之前完全不同。我在高管培训班做培训的时候就给商界精英们推荐了这个方法，得到的反馈是“当清除了大脑中的杂念之后，就不会去想多余的事情了”。

当你绞尽脑汁也想不出好创意的时候，不妨先把工作放到一边，让自己休息一下，早点儿睡觉。等到第二天的时候说不定就能够想出好点子来。因为在你睡觉的时候，在大脑之中一个叫作海马体的地方，会将你之前储存的各种信息进行整理，对各种各样的信息进行分析与组合，对你的记忆进行重组。也就是说，答案会在你睡觉的时候自然而然地产生。因此，当你想不到好的创意和点子，甚至开始胡思乱想的时候就早点儿睡觉吧。

掌握最小化思考法的人还有运动的习惯。适当的运动也可以使你的五感变得更加敏锐，还能够提高专注力。

我在做管理顾问的时候，每周都会去游两次泳。而每次运动之后我都会感觉自己焕然一新。事实上，很多管理顾问都有运动的习惯。

北卡罗来纳大学和加利福尼亚大学洛杉矶分校的研究表明，运动能够提高人的认知能力。运动能够增加大脑的血液流量，从而增加脑容量和促进神经元生成。也就是说，通过运动可以消除大脑的疲劳，使大脑变得更加清醒。

最好的运动就是散步。散步这项运动不但可以被灵活地添加进每天的时间表里面，还不用花钱，任何人都能够做到。比如提前三站下车走到公司，或者在上班的途中路过某个公园顺便绕一圈。每天早晨上班之前一边散步一边晒太阳，可以促进大脑中一种名叫血清素的神经传导物质分泌，使你的注意力得到提高，心情也变得更加积极开朗，结果自然是使工作的品质和效率都得到提高。

或许有人会说，“如果有那些时间的话我宁愿用来工作”，但在时间紧迫的压力下仍然继续工作，很难取得高品质的成果。正所谓磨刀不误砍柴工，拿出一点儿时间来让自己放松一下，反而能够用更少的时间取得更有价值的成果。因为最优秀的表现都来自适当的休息。

02

工作安排要张弛有度

工作是永远也做不完的。一项工作做完之后，紧接着下一项工作就来了。因此，工作安排不是一时的，而是持续的。只有在日常的工作中坚持对工作进行安排，才能够使工作顺利进行。

掌握最小化思考法的人，在对工作进行安排的时候都知道要把握一定的节奏，也就是做到“张弛有度”。

如果一直连续工作而不休息，总有一天会达到极限。全力以赴地工作只能坚持一时，而不可能一直持续下去。

一般情况下，有工作能力的人往往要面对大量的工作，而且也不得不经常加班，但掌握最小化思考法越精的人，越善于把握自己工作的节奏。

我做管理顾问的时候有一位前辈，他的工作效率非常高，每天都在下午6点之前做完工作，然后离开公司。因为有“下午6点结束工作”这个半强制性的自我约束，所以他在工作的时候不会浪费半点儿时间，将注意力全都集中在工作上。养成了这种习惯之后，专注力会得到大幅的提高，从而能够在短时间之内完成工作。当然，工作的成果也远超他人。

这位前辈在工作比较多的时候总会比平时更早来到公司，顺便说一句，善于对工作进行安排的人，都有提前上班的习惯。

终极的工作安排就是早睡早起。早早地开始工作，不加班，直接回家。保持五感的敏锐，提高自身的专注力。

早晨工作进展得最顺利。因为这时候的大脑处于最清醒的状态，最适合做那些需要大脑思考的工作。早晨大脑的专注力也很高，做以思考为主的工作非常有效率。

我一般会尽量保持晚上10点睡觉早晨5点起床的生活习惯，只要坚持几天这样的生活，那么原本需要5～6小时的工作，现在只需要2～3小时就可以做完。另外，如果更早开始工作，还可以不受会议和电话的打扰，集中精力进行工作，使工作的效率得到更进一步的提高。

养成早睡早起的习惯，就可以使时间得到更有效的利用，提高你的工作安排能力。

注意“输入”和“输出”

曾经有一个优秀的管理顾问前辈将每周的周六定为“输入日”。他在这一天绝对不会安排工作，而是将注意力都集中在输入上。他不会去见客户，也不会看与工作相关的书籍，而是专门读哲学或者艺术方面的书籍。

还有一位前辈，每天都会拿出几小时的时间作为给自己的未来进行投资的时间，或者用来学习，或者去见一些能够拓展自己人脉的人。

当时还有一位已经做到合伙人的大前辈，他对古今中外的哲学和文学的造诣极深，所以总是能够给客户提出非常有价值的建议。

如果一味地输出，只会使我们感到疲惫不堪。而那些前辈正是因为保证了输入的时间，所以才能够拥有独特的视角和新颖的想法，从而保证自己输出的质量。

我非常喜欢文学和哲学。为了使自己在人文科学领域达到更高的水平，我专门去芝加哥大学攻读了人文科学专业的研究生，而我也切实地感觉到，人文科学已经成为我提出创意和进行观察的基础。

由此可见，保证自己对感兴趣的内容的“输入时间”十分重要。

✦ 锁定休息日

不擅长对工作进行安排的人，往往都是以“反正在上班时间之内也做不完，只要加班就好了”为前提进行工作。于是他们在白天的工作时间拖拖拉拉，下班之后又加班到很晚，甚至将工作带回家里去做。

在工作的时候就集中精力工作，休息的时候则彻底地休息。周一到周五的时候将工作做完，周六周日的时候则是完全属于自己的时间。只有做到“开”和“关”的转换，合理安排工作与生活，才能持续取得高品质的成果。

要想明确地区分出“开”和“关”的时间，必须提前给“关”留出足够的时间并且锁定。

比如提前几个月就分配好休假的时间或者用在自己兴趣爱好上的时间，与相关者提前说明“这几天我不安排工作”将其锁定。如果不这样做的话，工作会没完没了地涌来而你又没办法拒绝。这样做不只是为了休息，掌握最小化思考法的人都清楚地知道，将“开”和“关”的时间分开能够提高工作的品质。

如果你知道自己什么时候能够连续集中精神，那就可以在一天之中合理地安排“开”和“关”的循环时间，在工作效率最高的时候工作，工作之后则适当休息。

以我为例，我大概能够保持连续30分钟高效率工作的时间。因此，每当我工作30分钟之后就会让自己休息5分钟。一般情况下，人的专注力最多可以维持90分钟，但这个数字也是因人而异。所以，首先应该搞清楚自己的专注力究竟可以维持多长时间，然后以此为基础安排自己的“开”“关”循环。

比如你的专注力能够保持90分钟，那就连续工作90分钟之后休息5到10分钟，通过这样的“开”“关”循环使工作张弛有度，就可以提高工作的品质与效率。

03

以年为单位制定“时间表”

我在做高管培训的时候，最常给出的建议就是“以年为单位制作时间表”。

比如计划在3年之后独立创业。一旦做出独立创业的决定，首先必须有计划地做好准备。比如“1年后掌握独立创业所需的技能”“2年后获得30名潜在客户”，等等。

好不容易拥有了对未来的憧憬，却因为忙于眼前的工作而没能有计划地向这个目标迈进，那么独立创业的计划就像是画出来的一张大饼，难以实现。

如果你以独立创业为目标，那就应该逆推出来1年后我应该处于这种状态、6个月后我应该处于这种状态、3个月后我应该处于这种状态……只有明确了前进的方向和努力的目标，你才能逐一将其实现。

因此，不管你的工作多么忙碌，要想达成重要的人生目标，都应该以年为单位制作时间表，并且及时地对达成度进行确认。而那些做不到这一点的人，则会在年末的时候感慨“今年一年又什么也没做成”。

要想实现远大的目标，必须以年为单位制作时间表，把握“2年后”“1年后”“半年后”“3个月后”“1个月后”的自己“应有状态”。

这样可以使你不错过重要的事情，确认自己是否在逐渐接近目标。如果你明确自己8月想要达到的“应有状态”，那么进入7月的时候你就会产生“要想达到应有状态，现在开始必须这样做”的意识。同时，你还能够确认自己是否为了达到应有状态而付出了相应的行动。如果发现自己没有采取相应的行动，就可以给行动留出专门的时间或者对轨道进行修正。

我推荐在卫生间里贴一个当月的挂历。上卫生间的时候，我们的心情和身体都比较放松，可以说是“放空”自己的时间。所谓“放空”，就是大脑什么也不想的状态。在这种状态下，很容易迸发出灵感的火花。

当你处于放空的状态，在看眼前的挂历时，可以检查“这周是否为了实现目标而采取了相应的行动”“现在应该将力量集中在什么地方”，或者思考“已经中旬了，这个月还剩下两周的时间。现在最重要的事情是什么？进展顺利吗？”之类的问题。最终的结果就是产生“到下个月之前还需要做××”“应该这样做才好”之类的想法，自然而然地养成将注意力集中在重要事情上的习惯。

在时间表上安排好一年的开关循环

前面我已经为大家介绍过通过开和关的转换能够提高工作的品质，在以年为单位制作时间表的时候，同样需要注意开和关的平衡。

比如一般的工薪阶层，正月休假的时候在家好好休息，假期结束之后就要集中精力工作一直到“五一”黄金周；享受完黄金周的假期之后又要集中精力工作直到盂兰盆节；在盂兰盆节彻底放松一下之后就要一直工作到11月的连续休假；11月的连休过后继续工作直到年末——这就是普通工薪阶层一年的开关循环。合理安排开和关的时间，可以使自己时刻都处在五感敏锐的最佳状态。

04

每天保证20分钟“安静的时间”

我经常听到有人说“本来想集中精神，但是却怎么都集中不起来”。事实上，“想集中精神”这种想法本身就是不对的。

我们的注意力会自然而然地被有魅力的东西所吸引。比如闻到美味的食物散发出的气味，我们自然就会开始想“这是什么料理？似乎很美味。对了，今天去吃点儿好东西吧”。如果眼前出现了一名充满魅力的异性，我们甚至会产生“好漂亮的人啊。不知道有没有恋人呢？”之类的妄想。

当我们想将注意力集中在工作上，但却被邮件和互联网等吸引，结果导致无法集中精神的时候，说明在我们的身边有比工作更加有魅力的东西存在。

那种废寝忘食、自然而然地集中于某种事物之上的状态被称为“沉浸状态”。这是一种心灵沉静的状态，在这个时候心中没有任何的杂念，也可以称为“入定”。当我们进入这种状态的时候，尽管身体和心灵十分放松，但五感却变得十分敏锐，能够自然而然地使自己保持高度集中。

曾经有一位棒球选手在接受采访的时候说“感觉棒球就好像静止了一样”。那就是专注力达到最高境界时的沉浸状态。

工作也一样，如果你能够集中精神，那么平时需要2小时才能做完的工作，可能只用了不到30分钟就迅速地搞定了。当你能够像这样集中精神完成工作的时候，可以说就是进入了沉浸状态。

这种集中精神的沉浸状态，并不是说只要产生“沉浸”的想法就能够进入的。往往在你事后回忆起来的时候，才发现自己刚才进入了忘我的集中状态……也就是说，沉浸状态是自然而然地出现的。就算你勉强自己集中精神，这种集中往往也只能持续很短暂的时间，很快便会中断。

✦ 商务精英都有冥想的习惯

要想使自己集中精神，关键在于创造出一个便于自然而然地集中精神的身体、心理状态以及环境。如果你整天忙忙碌碌，大脑一直处于飞速思考的状态，那当然难以集中精神。

要想创造出一个便于集中精神的状态，最好的办法就是给自己留出“安静的时间”，每天早晚各一次，每次20分钟。

我就有每天早晚各冥想20分钟的习惯。

通过冥想，不但可以回顾自己的人生，还可以使自己从紧张和压力之中解放出来。冥想与集中精神一样，不管你怎么想让自己进入“无”的状态，也不可能实现真正的“无”。只有当你从紧张和压力之中解放出来之后，才能够真正地获得“无”的感觉。

弗吉尼亚联邦大学的乔纳森·希亚等人经过研究发现，冥想可以使人类的脑波发生改变。目前存在许多不同的冥想法，而不同的冥想法所能够激活的脑波也各不相同。比如有一种冥想法可以激活40赫兹的脑波，使其表现出β波与γ波的特征，从而使人能够进入专注的状态，而另一种冥想法则可以激活大脑的左前额叶，使其表现出θ波的特征。还有一种冥想法可以激活α波，使大脑不同部位同时运动起来，提高记忆力和创意力。由此可见，冥想不只能激活大脑的一部分区域，更重要的是可以使大脑整体活跃起来。

通过冥想可以提高我们的专注力，使我们的五感变得更加敏锐。这样一来，我们就可以发现自己现在最应该集中力量去做什么事，不会再胡思乱想，调整自己的状态使我们能够建立起准确度较高的假设。

那些能够连续创造出价值的成功人士，大多拥有冥想的习惯。据说苹果公司的创始人史蒂夫·乔布斯，在其生前不管工作多么繁忙，都一定会在周六的早晨用坐禅来进行冥想。日本的很多精英人士也都冥想。我给很多精英推荐过冥想，让他们亲身体验提高专注力等效果。

如果觉得冥想太难或者太麻烦，那可以尝试什么也不做，让自己的身体和心灵都安静下来。哪怕一天只有10~15分钟，也应该给自己创造一段“安静的时间”。在这段时间里请关掉手机，如果可能的话最好在一个什么都没有的地方安安静静地待着，或者闭目养神。只是这样简单的一个行动，就可以调整你的心理状态，使五感变得更加敏锐。

最理想的状态是将注意力都集中在自己想做的事情和最重要的事情上，而除此之外的时间则都能够放空大脑。这样一来你就不会做无用功，自然而然地将力量百分之百地集中在最重要的事情上。这种情况下的专注力也是质量最高的。

✦“放松的时间”能够产生创造力

掌握最小化思考法的人，都知道放松的重要性。他们会找时间在咖啡厅或者公园里放松休闲，即便在办公室里也会趁着工作的间隙让自己轻松一下。工作的时候百分之百地集中精神，休息的时候就彻底放松，然后再将精力集中在工作上。

华盛顿大学的雷克尔教授经过研究发现，在我们放松的时候，大脑仍然会继续活动。他将这种大脑活动称为“默认模式网络”。

在我们放松的时候，大脑内部会自动产生某种有机的网络，将大脑内存储的各种信息和知识连接到一起。也就是说，使各种各样的信息与知识可以“点”和“点”连成“线”甚至“面”。

在放松的时候，我们会很容易产生非线性思考。也就是说，放松的时候最适合对复杂的问题进行分析和考察。

通过使意识自由地思考，更容易激发出我们的创意，让存在于我们大脑之中的各种信息和知识发酵，从而想出优秀的创意，找到建立假设的突破口。掌握最小化思考法的人，都会保证自己“放松的时间”。

另外，掌握最小化思考法的人还懂得通过调整呼吸来保持五感的敏锐。如果你觉得自己的专注力下降了，不妨在工作的间隙用几分钟的时间来做深呼吸，或者每工作1小时就做几分钟的深呼吸。

深呼吸的方法很简单。首先闭上眼睛，然后端正坐姿将双脚都放在地上，挺直后背，用鼻子呼出第一口气。当你感觉身体里的空气都呼出去之后，就用鼻子吸气，一直到腹部都吸满空气为止。这个过程重复10次。在重复的过程中，你就会感到心境平和，五感也变得敏锐起来。

✦ 创造一个远离数码产品的环境

掌握最小化思考法的人，都很擅长将注意力集中在眼前的工作上，所以他们才能够保证工作的品质和效率。

为什么他们能够集中精神呢？

这是因为他们给自己创造了一个便于集中精神的“环境”。比如，当你需要集中精神的时候，就关掉个人电脑和手机的电源，让自己置身于一个看不到邮件和网页的环境之中。这被称为“数码解毒”，就是通过消除影响专注力的东西，来创造一个能自然而然地集中精神的环境。

另外，如果总是浏览网页，也就是产生互联网依赖症的话，还会使大脑的“默认模式网络”受到影响。这样一来，大脑就失去了产生灵感和创意的环境。

无法集中精神的人，都很容易被周围的其他事情所吸引。而且当他们在SNS上看到其他人通过努力取得成果之后，还会产生“我也必须努力才行”的焦躁感。但是，这样的人越是感到焦躁和压力，越是难以集中精神，自然就难以取得成果，陷入恶性循环。

只要将注意力集中在眼前应该做的事情上，就能够取得有价值的成果。

05

了解自己是单任务型还是多任务型

商务人士大体上可以分为单任务型和多任务型。

单任务型的人如果一项工作没做完就绝不会善罢甘休。这种类型的人，对一项工作的专注力很高，工作的品质也很好，但在工作上花费的时间也比较多，一旦不得不同时进行多项工作的时候，专注力就会分散，结果很有可能导致工作的品质和效率都大幅降低。

这种类型的人，应该坚决贯彻80/20原则。也就是不要花费太多的时间去追求100%的品质，而应该尽量在短时间内完成80%品质的工作，将剩余的时间用在其他工作上。

多任务型的人可以同时处理多项工作。即便一项工作正做到一半，他也可以放下手头的工作转而去做其他的事情。这种类型的人虽然在处理工作的时候效率很高，但却有半途而废的危险。

这种类型的人一旦眼前出现了有趣的或者刺激的事情，他们的注意力就会很容易被吸引。另外，他们还需要“期限”的刺激，也就是说，在工作时间即将结束的时候他们反而能够爆发出强大的力量。

这种类型的人需要对工作进行详细的分类。每天把自己应该做的事情按照优先顺序排列出来，从最重要的工作开始做起。而且，在做最重要的工作时，需要将注意力完全集中在工作上。除此之外的时间则可以用来收发邮件、整理资料，同时处理一些日常的重要度不高的工作。也就是将需要集中精神的工作和可以分散精力的工作区分开来，从而提高整体的效率。

✦你是单任务型还是多任务型？

你究竟属于哪一种类型呢？

请放心，这两种类型不分好坏，都有各自的优点。

关键在于，自己要清楚自己属于哪一种类型。掌握最小化思考法的人，都会选择最适合自己的工作方法，让自己的五感全都运转起来。结果当然是使工作的品质和效率都得到大幅的提高。

如果你属于单任务型，那么在不得不同时处理多项工作的时候，就一定要严格按照80/20的原则来对工作进行安排，这样就可以在做每一项工作的时候都能够集中精神。

如果你觉得自己是多任务型，那就应该先安排好工作的优先顺序，这样也能够在做每一项工作的时候都集中精神。

明确自己属于哪一种类型，不但关系到工作安排的好坏，甚至还能够改变工作的品质和效率。

掌握最小化思考法的人，都知道自己属于什么类型，并且能在工作的时候发挥出自己的长处。

06

准备一个对自己进行整理的笔记本

虽然我基本上都是用智能手机来对时间表进行管理，但我还是准备了一个对自己进行整理的笔记本。这也是为了使五感敏锐必不可少的工具。

不管你是遇到不开心的事情，还是让自己感觉很在意的事，都可以记在这个对自己进行整理的笔记本上。虽然从这个意义上来说这本笔记本有点接近日记的性质，但事实上对自己进行整理的笔记本与日记存在着决定性的差异。

那就是，每当我事后重新翻阅这本笔记本，看到之前记录的那些不开心的事以及自己感觉很在意的事，都会思考“如果是‘贤者’或者令人尊敬的××前辈，会怎么做呢”，然后站在他们的角度写下给自己的建议。我一般会用粉色的笔来写下建议，大家可以选择自己喜欢的颜色。

很多时候，当时让我们备感烦恼的事情，在事后回想起来往往会感觉“为什么我当时会那么烦恼呢”。其实在感到烦恼的时候，如果能够让自己冷静下来的话，就会轻而易举地找到解决的办法，或者意识到这件事根本没什么大不了的。

所以，将烦恼的事情写在笔记本上，写完之后感觉心情舒畅了，就把笔记本合上。然后闭上眼睛做几个深呼吸。过几分钟之后再次打开对自己进行整理的笔记本，然后试着从客观的角度来重新思考刚才的烦恼。这样一来，你就能够找到解决的办法，还可以使心情放松下来。

假设你在笔记本上写了“上司批评我在会议上不积极发言，心情很不好”。等事后你再次翻开笔记本，客观地思考为什么上司会这样说，你就会发现“因为对会议的准备不足，所以没办法说出自己的意见”“上司对我的意见很重视所以才希望我能够积极发言”等客观事实。也就是说，你能够冷静地重新审视自己。

另外，将发生的事情记在笔记本上，今后如果遇到类似的情况你也不会再有烦恼，从而可以帮助你维持精神上的稳定。

创造一个没有烦恼的工作环境，对保持五感敏锐和顺利地对工作进行安排都有重要的作用。

灵活利用笔记本对自己的心灵进行整理，可以使我们的五感保持敏锐，心情舒畅，自然而然地实现最小化思考。

对自己进行整理的笔记本

感觉烦恼的事情、令人在意的事情		自我建议
给A发了邮件却没有回复，是不是我邮件里说错话了……	▶	或许对方只是因为忙才没能及时回复。再发个邮件试试。
上司安排给我一个从没做过的工作，害怕做不好，心里很不安……	▶	在此之前我就算是面临新的挑战也都做得很好，这次一定也没问题!
向上司提交了企划书，但是却没得到任何回应，是不是我的企划书做得不好……	▶	应该没什么太大的问题，去问问上司是否有需要补充的地方吧。
本打算减肥，可是这周竟然参加了三次酒会……	▶	下周把参加酒会的次数控制在一次吧。
上司批评我在会议上不积极发言，心情很不好……	▶	或许是因为上司对我的意见很重视，所以才希望我能够积极发言。

结 语

可以肯定地说，我的最小化思考的习惯都是在麦肯锡时代锻炼出来的。

正如本书中所说的那样，麦肯锡的管理顾问都必须保证工作的品质和效率，如果不努力进取就会遭到淘汰。

因为顶着巨大的压力，所以不管你是否愿意，从进入麦肯锡的那一刻起就必须将自己工作的品质与效率都提高到极限。我就是因为身处在这样的环境之中，所以才在不知不觉中掌握了最小化思考法。那时候的经历，在我随后的职场生涯中发挥了巨大的作用。

当我从麦肯锡“毕业”以后接触到其他行业的人的时候，甚至产生了“大家的工作竟然都这样悠闲散漫啊”的感觉。可见我当时的工作效率提高到了什么程度。

同时，我也意识到，不管多么艰难的工作，只要合理地进行安排，就一定能够取得让周围人都认可的成果，而且越是在新人时期越应该把自己的能力提升到极限。在还是一个新人的时候，就要想清楚什么是自己应该创造的价值，全面地提高工作的效率和品质，将力量都集中在创造价值上。

因此，在本书中我专门面向那些工作经验尚浅的新人，通俗易懂地讲解了最小化思考法，并且在第五章中介绍了“麦肯锡顾问深度工作安排术”。

最小化思考法是可以应用在任何领域的通用的工作哲学。

只要掌握了最小化思考法，不管你走到哪里都能做好自己的工作，甚至可以摆脱公司的束缚独自创业。

我现在之所以能够做自己想做的事业，尽情地享受人生，就是因为年轻的时候掌握了最小化思考法，这么说一点儿也不为过。

掌握最小化思考法，不但可以让你的工作更加顺利，还会使你的人生也变得一帆风顺。

因为你知道对自己来说什么是最重要的事情，并且能够认真地去对待它。

当你善于对工作进行安排之后，就可以轻松而且有效率地完成工作。而节省下来的时间就可以用来做你自己想做的事。

你可以用这些时间来对自己进行投资，比如考取英语资格证书、参加学习会，也可以用来充实自己的兴趣和爱好。总之，就是采取行动让自己向“理想中的状态”更进一步。我认为，在实现梦想的路上，对工作进行安排的能力是必不可少的。

因此，在每天的工作中，我们都必须下意识地锻炼自己的工作安排能力。

与运动一样，只要每天都不断地重复，那么你的大脑和身体就会自然而然地形成一种条件反射。

“这项工作，因为这里有问题，所以应该建立这样的假设。”“这项工作，似乎可以按照这样的时间表来完成。”如果你可以仅凭直觉就做出这样的判断，那么在工作之中必将如虎添翼。

另外，还有一个最重要的建议，那就是享受眼前的工作。首先思考自己应该通过眼前的工作创造什么样的价值，然后对工作进行安排并且实践。请将注意力都集中在工作上，享受工作带给你的乐趣吧。

如果本书可以让你的工作和人生都变得更加充实，那将是我最大的荣幸。

大島祥誉